PAPILLES
POUR TOUS !

François **CHARTIER**

PAPILLES
POUR TOUS !

Cuisine aromatique
d'été

Dans la même collection

PAPILLES
POUR TOUS!

Catalogage avant publication de Bibliothèque et Archives nationales du Québec et Bibliothèque et Archives Canada

Chartier, François

Papilles pour tous! : cuisine aromatique d'été

Comprend un index.

ISBN 978-2-89705-046-7

1. Cuisine. 2. Accord des vins et des mets. 3. Livres de cuisine. I. Titre.

TX714.C46 2012 641.5 C2012-940969-3

Directrice de l'édition : Martine Pelletier
Éditrice déléguée : Nathalie Guillet
Auteur : François Chartier
Idée originale et collaboration à la recherche : Carole Salicco
Collaborateur principal au développement, à la réalisation et à la rédaction des recettes : Stéphane Modat
Assistante à la rédaction des recettes : Nicole Henri
Révision linguistique et correction : Nicole Henri
Conception graphique et mise en page : cyclonedesign.ca
Photo de la couverture : Xavier Dachez

Dépôt légal
Bibliothèque et Archives nationales du Québec, 2012
Bibliothèque et Archives nationales du Canada, 2012
2e trimestre 2012
978-2-89705-046-7
Imprimé au Québec, Canada

Présidente
Caroline Jamet

Les Éditions La Presse
7, rue Saint-Jacques
Montréal (Québec)
H2Y 1K9

L'éditeur bénéficie du soutien de la Société de développement des entreprises culturelles du Québec (SODEC) pour son programme d'édition et pour ses activités de promotion.
L'éditeur remercie le gouvernement du Québec de l'aide financière accordée à l'édition de cet ouvrage par l'entremise du Programme de crédit d'impôt pour l'édition de livres, administré par la SODEC.
Nous reconnaissons l'aide financière du gouvernement du Canada par l'entremise du Programme d'aide au développement de l'industrie de l'édition (PADIÉ) pour nos activités d'édition.

Remerciements de l'auteur

À MA CONJOINTE, Carole Salicco, merci d'avoir eu l'idée de cette collection en quatre saisons, accessible à tous, en plus d'être là à tous les instants, au-dessus de mes petites épaules… Tu avais eu l'idée de *La Sélection Chartier*, il y a 17 ans déjà, et voilà qu'une deuxième idée forte a germé en toi, qui prend forme et fera, j'en suis convaincu, le bonheur des lecteurs qui nous suivent depuis toutes ces années.

Cette collection en quatre saisons n'aurait pas été possible sans l'amitié et l'étroite complicité du chef Stéphane Modat, à qui j'ai communiqué mes idées de recettes et qu'il a su transformer avec maestria grâce à mes pistes aromatiques. Tu possédais déjà ton style singulier et ton chemin de créativité unique. D'avoir ajouté à ton arc mes pistes aromatiques me touche profondément. Longue vie à notre duo Mc^2 !

À Nicole Henri, après plus de dix ans de loyaux services de révision linguistique (!), ta complicité va bien au-delà de la chose… Merci, entre autres, de nous avoir remis, Stéphane et moi, sur les bonnes pistes arithmétiques des conversions !

À Ferran Adrià et Juli Soler du restaurant elBulli, ainsi qu'à l'œnologue Pascal Chatonnet et au docteur en biologie moléculaire Martin Loignon, merci d'avoir été si présents et si généreux de vos expertises respectives, depuis 2006, lors des premières heures de mise en chantier du projet *Papilles et Molécules*.

À mon ami Alain Labonté, qui a le fardeau d'être à la fois mon relationniste et mon agent… merci aussi d'être là quand ça compte, que dis-je, de ta disponibilité vingt-quatre heures sur vingt-quatre (!), et d'avoir un œil avisé sur le visuel de cette collection, tout comme sur sa mise en marché.

Enfin, à l'équipe des Éditions La Presse, à commencer par Martine Pelletier, directrice de l'édition, et Nathalie Guillet, éditrice déléguée, merci de vos conseils avisés et de votre précieux temps – et heures supplémentaires ! Quant à Caroline Jamet, présidente des Éditions La Presse, merci d'avoir accepté ce projet en cours de route et d'apporter ton expérience aux succès de cette nouvelle collection.

Table des matières

ACCOMPAGNEMENTS, CONDIMENTS, MARINADES ET SAUCES

François CHARTIER

Photo : Télé-Québec

« Chartier fait essentiellement ce que Ferran Adrià à elBulli a fait avec la nourriture… la déconstruit et défie ses clients (ses lecteurs dans ce cas) à ouvrir leurs esprits et à considérer la possibilité d'un voyage au cœur des arômes, des saveurs, des textures, comme un fascinant yin et yang universel. Ceci est un « magical mystery tour » par le sens de l'odorat et du goût. Fortement recommandé. »
— Robert M. Parker Jr (Février 2012)

De 2008 à 2011, il a agi à titre de consultant à la création de plats auprès du chef Ferran Adrià, du célèbre restaurant espagnol elBulli. Grâce à ses recherches novatrices en cuisine, le sommelier-chercheur-cuisinier de réputation internationale, François Chartier, est aujourd'hui considéré comme l'une des têtes chercheuses en matière de création de recettes. Les premiers résultats de ses recherches, qu'il mène depuis 2006 au Québec et en Europe, en « harmonies et sommellerie aromatiques », discipline dont il est l'auteur, ont été publiés dans le tome I du livre à succès *Papilles et Molécules*, qui a reçu en février 2010, à Paris, le prestigieux prix du Meilleur livre de cuisine au monde, catégorie innovation.

La version anglaise, *Taste Buds and Molecules*, a été publiée au Canada anglais la même année, et en février 2012 aux États-Unis, où il s'est maintenu dans le TOP 5 des best-sellers Food & Wine (sur amazon.com) durant les trois premiers mois qui ont suivi sa parution. Les droits de traduction ont également été vendus à la Hongrie et à la Russie, où les livres ont été publiés en janvier 2012. Il a aussi publié les livres de recettes à succès *À table avec François Chartier* et *Les recettes de Papilles et Molécules*, ce dernier en collaboration avec le chef Stéphane Modat, avec qui il signe cet ouvrage *Papilles pour tous !*

Auteur de *La Sélection Chartier* depuis 17 ans, il donne rendez-vous, tous les samedis, depuis 2002, aux lecteurs de la chronique HARMONIES cuisine et vins dans le quotidien La Presse. En janvier 2012, sa science aromatique a été propulsée au petit écran, grâce à l'émission *Papilles*, à la télévision de Télé-Québec, qu'il a animée, avec son complice Stéphane Modat. **L'émission *Papilles* sera diffusée à TV5 Monde, dès septembre 2012, dans plus de 125 pays de la francophonie.** Enfin, le site Internet **www.papillesetmolecules.com** vient compléter la fabuleuse histoire de *Papilles et Molécules !*

Stéphane MODAT

Photo : xDachez

« Le chef Stéphane Modat, originaire de Perpignan en France, est l'un des grands chefs de sa génération. »

Il a déjà été aux fourneaux du prestigieux restaurant Le Jardin des Sens à Montpellier, triple étoilé Michelin des illustres frères Pourcel. À Québec, Stéphane a été le chef et le cofondateur du réputé restaurant Utopie, de 2004 à 2009. Depuis l'automne 2009, Stéphane a pris le temps de se ressourcer en explorant les univers gastronomiques qu'offrent Hong Kong et Séoul, ainsi que le Japon et le Maroc, et il se consacre à temps plein aux travaux de création aromatique avec François Chartier, avec qui il a publié, en mai 2010, *Les recettes de Papilles* et *Molécules ainsi que cette collection Papilles pour tous !*, et avec qui il a coanimé l'émission de télévision *Papilles*. **www.stephanemodat.com**

Comment utiliser *Papilles pour tous !*

Notez qu'à partir des ingrédients complémentaires aux aliments dominants dans chacune des recettes, dont vous trouverez les pistes plus détaillées dans le volume I de *Papilles et Molécules*, ainsi que dans le volume II, à venir prochainement, vous pourrez aussi transformer ces recettes comme bon vous semble. L'important est de choisir des aliments de même famille aromatique afin que la synergie aromatique opère entre les ingrédients.

Les recettes de ce livre ont toutes été prévues pour 4 personnes.

ASTUCE AROMATIQUE
Piste aromatique à suivre pour transformer cette recette, ainsi que d'autres possibilités de pistes.

INGRÉDIENTS COMPLÉMENTAIRES DOMINANTS
Aliments/ingrédients de même famille aromatique que l'ingrédient dominant dans la recette proposée.

FRAMBOISE

CONFITURE DE FRAMBOISES NATURE

ASTUCE AROMATIQUE

Au temps de framboises, à partir de cette version « nature », 100 % framboise, amusez-vous à confectionner d'autres variantes, comme nous vous le proposons dans les quatre recettes qui suivent cette recette de base. À commencer par la mûre, puis le thé noir Assam, la prune et la tomate, des ingrédients complémentaires à cette plus que parfumée baie rouge.

INGRÉDIENTS

Framboises
Sucre

PRÉPARATION

La confiture est une façon de consommer des fruits de saison toute l'année, sans pour autant avoir à en acheter en hiver, quand ils ne goûtent pas forcément ce qu'ils doivent goûter.

Lorsque la saison bat son plein, achetez des framboises bien saines. Cette confiture est proposée en deux versions : avec et sans pépins, à vous de choisir laquelle est la vôtre.

1. Confiture sans pépins. Vérifier l'état des framboises, les rincer rapidement au besoin, les égoutter et les mettre dans une grande casserole à fond épais.
2. Faire chauffer les framboises pour les réduire en purée et les passer au tamis, pas trop fin, pour retirer les pépins.
3. Peser le jus ainsi obtenu et y ajouter la moitié de son poids en sucre.
4. Remettre dans la casserole et faire frémir le mélange pendant une quinzaine de minutes en remuant à l'aide d'une spatule de bois. Au besoin, écumer le mélange.
5. Déposer une goutte de confiture sur une assiette froide sortie du réfrigérateur, pour connaître la texture de la confiture une fois refroidie.
6. Verser dans des pots Mason stérilisés, les fermer et laisser refroidir.

Note. Nous aimons garder la confiture (pas trop sucrée, ni trop cuite) au congélateur...

PISTES HARMONIQUES DES LIQUIDES

Comme le thé noir d'Assam est sur la piste aromatique de la framboise, c'est le choix numéro un à l'heure du petit-déjeuner, du brunch ou du casse-croûte de fin d'après-midi. Si le temps est chaud, optez pour un thé glacé. Et puisque la violette est aussi sur la même tonalité, servez un kir à base de vin mousseux avec liqueur de violette, décoré d'une mûre – pourquoi ? Lire la recette suivante...

PISTES HARMONIQUES DES LIQUIDES
Propositions de vins et autres liquides/boissons afin d'atteindre la zone de confort harmonique avec facilité.

Avant-propos

IL Y A MAINTENANT TROIS ANS, j'ai publié *Papilles et Molécules – La science aromatique des aliments et des vins*, qui a remporté le prestigieux prix du meilleur livre de cuisine au monde, toutes langues confondues, catégorie innovation, au Gourmand World Cookbook Awards 2010 de Paris. Son succès auprès du grand public ne se dément pas avec le temps, puisqu'il est toujours dans les listes de best-sellers, dont celle du site canadien Amazon.ca où il trône dans le TOP 10 du palmarès Guides et Recettes depuis son lancement.

La version anglaise a été publiée au Canada anglais à l'automne 2010 sous le titre *Taste Buds and Molecules*. Puis, le livre est paru aux États-Unis en février 2012. Au moment d'aller sous presses, il figurait depuis son lancement au sommet TOP 10 des palmarès Wine & Food et Molecular Biology du populaire site Amazon.com. Il a également été publié en Russie et en Hongrie au début de 2012. *Papilles et Molécules* a également donné naissance à l'émission de cuisine aromatique *Papilles*, diffusée chaque semaine sur les ondes de Télé-Québec depuis janvier 2012, ainsi qu'à TV5 Monde, à compter de septembre 2012, et ce dans plus de 125 pays de la francophonie. Sans compter qu'un film documentaire sur la fabuleuse histoire de *Papilles et Molécules* (The pleasure of the scents) est actuellement en tournage et que ma science aromatique est maintenant enseignée dans les écoles hôtelières, notamment au Collège LaSalle, sous un cours, d'harmonies et sommellerie moléculaires, à temps plein, basé sur les seize chapitres de *Papilles et Molécules*.

Fort de ce succès et de celui remporté par *Les recettes de Papilles et Molécules*, paru en juin 2011, j'ai imaginé, à nouveau, avec mon complice, le chef Stéphane Modat, cette collection en quatre volumes présentant mes idées de recettes classiques pour chaque saison. Des recettes simples, revisitées par ma science aromatique, pour faire de chaque plat une expérience gustative et harmonique inoubliable.

Enfin, j'ai aussi passé sous mon « scan » aromatique les vins et les autres boissons afin de vous donner les pistes harmoniques les plus justes qui soient pour chacune des recettes classiques et de ses déclinaisons.

Introduction

TADAM ! NOUS BOUCLONS LA BOUCHE avec ce quatrième tome *Été* de cette collection intemporelle en quatre saisons qui se complètent et s'assemblent pour votre plus grand bonheur, celui de cuisiner les recettes aromatiques de *Papilles* pendant de nombreuses années. Parce que c'est ça, la collection *Papilles pour tous !* : s'amuser en cuisine et à table douze mois par année, avec un plaisir renouvelé au retour des saisons, et ce, année après année...

L'Été façon *Papilles*, ce sont mes idées de recettes, que Stéphane et moi avons développées, sur les pistes aromatiques de mes recherches harmoniques sur les aliments et ingrédients utilisés pour la cuisine estivale. Menthe fraîche, estragon, fenouil, asperge, concombre, courgette, pomme de terre, tomate et romarin, ainsi que les crevettes de Matane, le homard des Îles, les bleuets du Lac, les fraises et les framboises du Québec, sans oublier le rhum brun de Guyana, le gingembre, l'olive, l'artichaut, le poivron, le radis, le pamplemousse rose, le saumon, la truite saumonée, le poulet, le bœuf, l'agneau et même le tofu, tous passent au « scanner » *Papilles !*

Inspirés par la chaleur estivale – ayant imaginé et cuisiné une bonne partie de ces recettes à l'été 2011, question d'être « raccord » ! –, nous avons fait la part belle aux repas cuisinés sur le BBQ, tout comme aux salades d'été, aux entrées et aux tapas plus aériennes et aromatiques, aux soupes froides, aux poissons et aux crustacés, ainsi qu'aux herbes salées, aux marinades, aux glaçons, aux beurres parfumés et aux desserts, sans oublier les confitures du petit-déjeuner !

Comme dans les trois précédents tomes, l'idée est simple : réinventer vos repas d'été en métamorphosant les recettes classiques de votre quotidien, grâce à la synergie aromatique entre les aliments.

Certaines harmonies aromatiques proposées dans ce tome, comme dans les trois tomes précédents, sont le fruit de mes plus récentes recherches scientifiques, dont les premiers résultats ont été publiés dans le tome I de mon livre *Papilles et Molécules – La science aromatique des aliments et des vins.* Vous pourrez ainsi découvrir de nouvelles pistes aromatiques dans l'astuce aromatique en introduction de chaque recette. Les résultats de mes recherches seront, quant à eux, décrits de façon plus détaillée dans le tome II de *Papilles et Molécules – La science aromatique des aliments et des vins,* à paraître prochainement.

Chacune des 800 recettes des quatre tomes est accompagnée de suggestions de pistes harmoniques avec les liquides, qui sont les harmonies avec vins, bières, sakés, rhums bruns, cocktails et autres boissons alcooliques, et même sans alcool.

Ces 800 recettes, inspirées par mon travail de recherche sur la structure aromatique des aliments, sont accessibles à tous, tant par le prix, la disponibilité des aliments et des ingrédients que la facilité déconcertante de leur exécution !

PISTES AROMATIQUES ET SAVEURS COMPLÉMENTAIRES

Prenons l'exemple de la recette de beignets aux bananes, rhum brun et piment de la Jamaïque (voir page 142), dont la saveur dominante, la banane, est de la même famille aromatique que le rhum brun de Guyana et que le piment de la Jamaïque que nous avons utilisés pour magnifier ce classique estival. Tout en demeurant en terrain connu, nous vous proposons une nouvelle version aromatisée autour d'aliments et de liquides complémentaires, autrement dit d'aliments sur la même piste aromatique que la banane, en l'occurrence le rhum brun de Guyana et le piment de Jamaïque.

Six variations sur le thème de la crevette grillée sur le BBQ

Sur la piste aromatique de la crevette grillée sur le BBQ, il y a, entre autres, le safran, le paprika, le pimentón, le pamplemousse rose, le thé Earl Grey et le citron. Tous partagent le même profil aromatique que ce classique crustacé du BBQ estival. Il suffit d'utiliser ces ingrédients pour l'aromatiser et ainsi lui donner une nouvelle tonalité aromatique qui se mariera à la perfection avec les vins, les bières et le thé vert sencha recommandés. Nous vous en proposons six versions aromatiques et gourmandes à souhait !

HARMONIES ET SOMMELLERIE MOLÉCULAIRES : UNE CUISINE SIMPLE ET DES HARMONIES RICHES

> « D'un côté, on s'approprie le patrimoine culinaire, mais, d'un autre, la cuisine est de moins en moins accessible. Certaines émissions présentent des recettes compliquées où le temps est compté. D'autres nécessitent toute une batterie de matériel hyperspécialisé et coûteux. Cela ne donne pas envie de cuisiner. »

Geneviève Sicotte, Professeure de littérature à l'Université Concordia.
Lectures du patrimoine alimentaire : pour une
étude de la gastronomie québécoise

Mes premières recherches visaient la compréhension scientifique de l'harmonie vins et mets. Or, à ma grande surprise, elles m'ont permis de mieux comprendre les aliments, en découvrant leur structure aromatique et les arômes qui leur confèrent leur saveur, leur signature identitaire.

Dans la foulée de ces recherches, j'ai ainsi développé le principe de synergie aromatique, tiré de cette nouvelle science que j'ai nommée « harmonies et sommellerie moléculaires », tant pour la création en cuisine que pour l'harmonie des plats et des vins ou autres boissons. J'ai tout de suite compris que les résultats de mes recherches devaient être accessibles à tous, aussi bien dans la cuisine dite gastronomique que dans celle de tous les jours.

Ce travail harmonique propose donc un double emploi : d'un côté, une lumière plus juste sur l'harmonie vins et mets; de l'autre, de nouveaux chemins de créativité en cuisine par l'harmonie des arômes des aliments de même profil aromatique, tout en étant accessibles aux chefs comme aux cuisiniers maison de nos repas au quotidien.

Bien entendu, une tomate restera toujours une tomate, puisqu'elle possède sa saveur intrinsèque, et ce, peu importe qui la cuisine. Toutefois, mes recherches aromatiques m'ont permis de comprendre que le melon d'eau, le pamplemousse rose et le paprika partagent le même profil que la tomate. Une découverte qui est loin d'être anodine, puisqu'elle permet (à moi comme à vous) de concevoir des plats exceptionnels en raison de la grande synergie aromatique qui se crée entre les ingrédients. Ainsi, il est possible de concocter une salade de tomates et melon d'eau, arrosée d'une vinaigrette au jus de pamplemousse rose et paprika, qui aura le même gène de saveur qu'une autre recette, avec les mêmes ingrédients, mais transformée par un grand chef ! Le même principe simple, mais tellement efficace, s'applique à toutes les recettes présentées dans ce livre, de quoi faire de la cuisine au quotidien une occasion toujours renouvelée de découverte.

Avec cette collection de plus de 800 recettes, j'entends donc, avec la grande complicité et l'amitié de Stéphane Modat, mettre en valeur les repas du quotidien, tant le lunch que l'apéritif, le souper, le petit-déjeuner et le brunch, tout en magnifiant le plaisir de les imaginer, de les transformer, de les préparer et, bien sûr, de les déguster. Je vous le dis, plus que jamais, Papilles pour tous !

François Chartier
www.papillesetmolecules.com

Les recettes

CONFITURE DE FRAMBOISES NATURE

ASTUCE AROMATIQUE

Au temps des framboises, à partir de cette version « nature », 100 % framboise, amusez-vous à confectionner d'autres variantes, comme nous vous le proposons dans les quatre recettes qui suivent cette recette de base. À commencer par la mûre, puis le thé noir Assam, la prune et la tomate, des ingrédients complémentaires à cette plus que parfumée baie rouge.

INGRÉDIENTS

Framboises
Sucre

PRÉPARATION

La confiture est une façon de consommer des fruits de saison toute l'année, sans pour autant avoir à en acheter en hiver, quand ils ne goûtent pas forcément ce qu'ils doivent goûter.

Lorsque la saison bat son plein, achetez des framboises bien saines. Cette confiture est proposée en deux versions : avec et sans pépins, à vous de choisir laquelle est la vôtre.

1. Confiture sans pépins. Vérifier l'état des framboises, les rincer rapidement au besoin, les égoutter et les mettre dans une grande casserole à fond épais.
2. Faire chauffer les framboises pour les réduire en purée et les passer au tamis, pas trop fin, pour retirer les pépins.
3. Peser le jus ainsi obtenu et y ajouter la moitié de son poids en sucre.
4. Remettre dans la casserole et faire frémir le mélange pendant une quinzaine de minutes en remuant à l'aide d'une spatule de bois. Au besoin, écumer le mélange.
5. Déposer une goutte de confiture sur une assiette froide sortie du réfrigérateur, pour connaître la texture de la confiture une fois refroidie.
6. Verser dans des pots Mason stérilisés, les fermer et laisser refroidir.

Note. Nous aimons garder la confiture (pas trop sucrée, ni trop cuite) au congélateur…

PISTES HARMONIQUES DES LIQUIDES

Comme le thé noir d'Assam est sur la piste aromatique de la framboise, c'est le choix numéro un à l'heure du petit-déjeuner, du brunch ou du casse-croûte de fin d'après-midi. Si le temps est chaud, optez pour un thé glacé. Et puisque la violette est aussi sur la même tonalité, servez un kir à base de vin mousseux avec liqueur de violette, décoré d'une mûre – pourquoi ? Lire la recette suivante…

CONFITURE DE FRAMBOISES ET MÛRES

ASTUCE AROMATIQUE

Le lien aromatique entre la framboise et la mûre est plutôt évident, même si elles sont à mille lieues quant à leur couleur respective! Toutes deux sont dominées par le même composé aromatique (bêta ionone).

INGRÉDIENTS

Framboises
Mûres
Sucre

PRÉPARATION

La confiture est une façon de consommer des fruits de saison toute l'année, sans pour autant avoir à en acheter en hiver, quand ils ne goûtent pas forcément ce qu'ils doivent goûter.

Lorsque la saison bat son plein, achetez des framboises bien saines. Cette confiture est proposée en deux versions : avec et sans pépins, à vous de choisir laquelle est la vôtre. Utilisez une quantité égale de mûres et de framboises.

1. Confiture sans pépins. Vérifier l'état des framboises et des mûres, les rincer rapidement au besoin, les égoutter et les mettre dans une grande casserole à fond épais.
2. Faire chauffer les fruits, les réduire en purée et les passer au tamis, pas trop fin, pour retirer les pépins.
3. Peser le jus ainsi obtenu et y ajouter la moitié de son poids en sucre.
4. Remettre dans la casserole et faire frémir le mélange pendant une quinzaine de minutes en remuant à l'aide d'une spatule de bois. Au besoin, écumer le mélange.
5. Déposer une goutte de confiture sur une assiette froide sortie du réfrigérateur, pour connaître la texture de la confiture une fois refroidie.
6. Verser dans des pots Mason stérilisés, les fermer et laisser refroidir.

PISTES HARMONIQUES DES LIQUIDES

Mêmes pistes que la précédente recette, en utilisant cette fois de la liqueur de mûres pour votre kir à base de vin mousseux.

THÉ NOIR ASSAM/FRAMBOISE

CONFITURE DE FRAMBOISES AU THÉ NOIR ASSAM

ASTUCE AROMATIQUE

Le thé noir Assam est aussi intimement lié aux parfums de la framboise.

INGRÉDIENTS

Framboises
Sucre
5 ml (1 c. à thé) de thé noir par livre de fruits

PRÉPARATION

La confiture est une façon de consommer des fruits de saison toute l'année, sans pour autant avoir à en acheter en hiver, quand ils ne goûtent pas forcément ce qu'ils doivent goûter.

Lorsque la saison bat son plein, achetez des framboises bien saines. Cette confiture est proposée en deux versions : avec et sans pépins, à vous de choisir laquelle est la vôtre.

1. Confiture sans pépins. Vérifier l'état des framboises, les rincer rapidement au besoin, les égoutter et les mettre dans une grande casserole à fond épais.
2. Faire chauffer les framboises pour les réduire en purée et les passer au tamis, pas trop fin, pour retirer les pépins.
3. Peser le jus ainsi obtenu et y ajouter la moitié de la quantité en sucre.
4. Placer le thé dans une étamine, bien la fermer pour ne pas disperser son contenu dans la confiture, et la déposer dans la confiture.
5. Remettre dans la casserole et faire frémir le mélange pendant une quinzaine de minutes en remuant à l'aide d'une spatule de bois. Au besoin, écumer le mélange.
6. Déposer une goutte de confiture sur une assiette froide sortie du réfrigérateur, pour connaître la texture de la confiture une fois refroidie.
7. Verser dans des pots Mason stérilisés, les fermer et laisser refroidir.

PISTES HARMONIQUES DES LIQUIDES

Les mêmes pistes proposées dans les précédentes recettes de confitures.

CONFITURE DE FRAMBOISES ET PRUNES

ASTUCE AROMATIQUE

Tout comme la mûre et le thé noir Assam, la prune résonne aussi dans le mode « framboise ». D'où la grande synergie aromatique lorsqu'on les cuisine ensemble.

INGRÉDIENTS

Framboises
Prunes violettes, dénoyautées, en dés
Sucre

PRÉPARATION

La confiture est une façon de consommer des fruits de saison toute l'année, sans pour autant avoir à en acheter en hiver, quand ils ne goûtent pas forcément ce qu'ils doivent goûter.

Lorsque la saison bat son plein, achetez des framboises bien saines. Cette confiture est proposée en deux versions : avec et sans pépins, à vous de choisir laquelle est la vôtre. Utilisez une quantité égale de prunes et de framboises.

1. Confiture sans pépins. Vérifier l'état des framboises et les rincer rapidement au besoin, les égoutter et les mettre dans une grande casserole à fond épais.
2. Faire chauffer les framboises pour les réduire en purée et les passer au tamis, pas trop fin, pour retirer les pépins.
3. Peser le jus ainsi obtenu et y ajouter la même quantité de prunes. Peser de nouveau et y ajouter la moitié de ce poids en sucre.
4. Remettre dans la casserole et faire frémir le mélange pendant une quinzaine de minutes en remuant à l'aide d'une spatule de bois. Au besoin, écumer le mélange.
5. Déposer une goutte de confiture sur une assiette froide sortie du réfrigérateur, pour connaître la texture de la confiture une fois refroidie.
6. Verser dans des pots Mason stérilisés, les fermer et laisser refroidir.

PISTES HARMONIQUES DES LIQUIDES

Les mêmes pistes proposées dans les précédentes recettes de confitures.

CONFITURE DE FRAMBOISES ET TOMATES

ASTUCE AROMATIQUE

Eh oui, la tomate aussi résonne sur l'air de la framboise… Ce qui donne une confiture adaptée aux plats salés, notamment aux viandes blanches grillées. Enfin, j'aillais presque oublier ! L'algue nori est aussi dans la mire aromatique de la framboise, donc n'hésitez pas à y ajouter une julienne d'algue nori en fin de cuisson… Une confiture qui fera sensation avec les brochettes teriyaki !

INGRÉDIENTS

Framboises
Tomates italiennes mûres, mondées, épépinées et taillées en dés
Sucre

PRÉPARATION

La confiture est une façon de consommer des fruits de saison toute l'année, sans pour autant avoir à en acheter en hiver, quand ils ne goûtent pas forcément ce qu'ils doivent goûter.

Lorsque la saison bat son plein, achetez des framboises bien saines. Cette confiture est proposée en deux versions : avec et sans pépins, à vous de choisir laquelle est la vôtre. Utilisez une quantité égale de tomates et de framboises.

1. Confiture sans pépins. Vérifier l'état des framboises et les rincer rapidement au besoin, les égoutter et les mettre dans une grande casserole à fond épais.
2. Faire chauffer les framboises pour les réduire en purée et les passer au tamis, pas trop fin, pour retirer les pépins. Ajouter les dés de tomates.
3. Peser le mélange ainsi obtenu et y ajouter la moitié de ce poids en sucre.
4. Remettre dans la casserole et faire frémir le mélange pendant une quinzaine de minutes en remuant à l'aide d'une spatule de bois. Au besoin, écumer le mélange.
5. Déposer une goutte de confiture sur une assiette froide sortie du réfrigérateur, pour connaître la texture de la confiture une fois refroidie.
6. Verser dans des pots Mason stérilisés, les fermer et laisser refroidir.

PISTES HARMONIQUES DES LIQUIDES

Les mêmes pistes proposées dans les précédentes recettes de confitures, en ajoutant aussi, si vous l'utilisez en mode salées avec les viandes et poissons grillés, des vins rouges de gamay et de merlot, plus particulièrement les cuvées les plus aériennes et souples de ces deux cépages.

PANCAKES

ASTUCE AROMATIQUE

Des pancakes à l'américaine, sur la piste de la cannelle. Quoi de plus *confort food*! MaIs, pour être complètement propulsé hors de votre zone de confort, essayez aussi notre proposition de variation au curry!

INGRÉDIENTS

180 g (1 ½ tasse) de farine
10 ml (2 c. à thé) de poudre à lever
25 ml (1 ½ c. à soupe) de cassonade
5 ml (1 c. à thé) de sel fin
1 pincée de cannelle moulue
2 œufs
250 ml (1 tasse) de lait 3,25 %
30 ml (2 c. à soupe) d'huile de canola

PRÉPARATION

1. Dans un saladier, tamiser la farine, la poudre à lever, la cassonade, le sel et la cannelle. Faire un puits au centre du mélange.
2. Battre les œufs et le lait ensemble, et verser dans le puits. Fouetter pour éviter les grumeaux.
3. Verser l'huile et fouetter.
4. Faire chauffer une poêle antiadhésive et y déposer une noisette de beurre, puis une louche de la préparation.
5. Lorsque des bulles se forment à la surface, retourner et cuire sur l'autre côté pendant 2 minutes.
6. Déposer sur une assiette et déguster avec du sirop d'érable, qui partage des composés volatils avec la cannelle...

ASTUCE DE SERVICE

Je vous suggère « fortement » de servir ces pancakes avec notre plus que gourmande recette de Caramel au cidre de glace « pour cidre de glace » (voir recette suivante).

VARIATION AU CURRY

Il est ici possible de faire une 2e version en remplaçant la cannelle par du curry. Ce dernier résonne fortement avec le sirop d'érable.

PISTES HARMONIQUES DES LIQUIDES

Ai-je besoin de vous faire un dessin ? Bien oui, du cidre de glace, ainsi que du cidre de glace, sans oublier le cidre de glace ! À moins d'opter pour un xérès oloroso ou pour un scotch pur malt, ou encore pour un Goldschläger, qui est un schnaps à la cannelle avec paillettes d'or...

RHUM BRUN/GINGEMBRE FRAIS

PUNCH AU RHUM ET GINGEMBRE

ASTUCE AROMATIQUE

Comme le gingembre est l'ingrédient ayant le plus de liens aromatiques avec le rhum brun, il suffisait de l'ajouter à ce punch au rhum pour que la magie de la synergie aromatique opère et transforme ce cocktail en une véritable brise de fraîcheur exotique.

INGRÉDIENTS (POUR 4 VERRES)

60 ml (1/4 tasse) de sirop de sucre de canne
190 ml (3/4 tasse) de rhum brun Original Dark Superior El Dorado
10 ml (2 c. à thé) de gingembre frais râpé
Jus d'un citron vert
Glaçons

PRÉPARATION

1. Mélanger et boire sur glace !

VARIATION PÉTILLANTE

Allongez, directement dans vos verres, de ginger beer Fever-Tree, ou de ginger ale, ce qui augmentera la synergie gingembre/rhum brun et apportera un zesté pétillant rafraîchissant en saison chaude.

VARIATION HAUT DE GAMME

Les aficionados de rhum brun pourront utiliser un vieux rhum, question de bonifier la synergie aromatique, en sélectionnant le complexe et prenant El Dorado 12 ans d'âge, d'un rapport qualité-prix unique à ce niveau.

RHUM BRUN/LITCHI

PUNCH AU RHUM ET LITCHI

ASTUCE AROMATIQUE

Qui dit gingembre (voir la précédente recette) dit aussi litchi. C'est que ces deux ingrédients sont presque des jumeaux moléculaires ! Ce qui m'a donné l'idée de marier le rhum brun au litchi, et ça résonne fort, je vous le dis.

INGRÉDIENTS (POUR 4 VERRES)

60 ml (1/4 tasse) (ou plus, au goût) de sirop de litchi (sirop des boîtes) ou de jus de litchi
190 ml (3/4 tasse) de rhum brun Original Dark Superior El Dorado
Jus d'un citron vert
Glaçons

PRÉPARATION

1. Mélanger et boire sur glace.

VARIATION PÉTILLANTE

Allongez, directement dans vos verres, de ginger beer Fever-Tree, ou de ginger ale, ce qui augmentera la synergie gingembre/rhum brun, et apportera un zesté pétillant rafraîchissant en saison chaude. Toutefois, la quantité de boisson au gingembre doit être moins importante, afin de laisser l'espace aromatique au jus de litchi.

VARIATION HAUT DE GAMME

Les aficionados de rhum brun pourront utiliser un vieux rhum, question de bonifier la synergie aromatique, en sélectionnant le complexe et prenant El Dorado 12 ans d'âge, d'un rapport qualité-prix unique à ce niveau.

ORANGE

ROULÉ À L'ORANGE

ASTUCE AROMATIQUE

Quoi de plus rafraîchissant qu'un roulé à l'orange à l'heure du brunch, et même au petit-déjeuner du week-end – une fois n'est pas coutume ! Partant de la piste aromatique de l'orange, plusieurs variations aromatiques sont possibles avec les ingrédients complémentaires à cet agrume, à commencer par les graines de coriandre, le thé Earl Grey, le Campari et les noix de pin, que nous vous proposons dans les recettes suivantes.

INGRÉDIENTS

6 œufs
300 g (1 1/2 tasse) de sucre
Jus et zeste de deux oranges
50 g (2/5 tasse) de farine
5 ml (1 c. à thé) de poudre à lever

PRÉPARATION

1. Préchauffer le four à 180 °C (350 °F).
2. Dans un saladier, fouetter les œufs et le sucre. Dès que le mélange blanchit, ajouter le jus et le zeste d'orange, et amalgamer le tout.

3. Tamiser ensemble la farine et la poudre à lever. Ajouter au premier mélange en prenant soin de ne pas faire de grumeaux.
4. Beurrer uniformément une plaque à biscuits et y déposer une feuille de papier sulfurisé. Beurrer de nouveau et fariner légèrement.
5. Verser le mélange sur la plaque et enfourner sur la grille du milieu de 15 à 20 minutes, jusqu'à ce que la surface commence à colorer.
6. Sur un linge de coton propre et sec, saupoudrer du sucre pour éviter que le gâteau ne colle lorsque vous le roulerez.
7. Sortir le gâteau du four et passer une lame de couteau pour décoller les côtés.
8. Retourner la plaque d'un seul geste sur le linge, décoller le papier sulfurisé et rouler le gâteau en serrant à l'aide du linge.
9. Laisser refroidir dans le linge quelques minutes, puis l'envelopper tiède dans de la pellicule plastique.
10. Déposer au frigo et servir froid en tranches.

PISTES HARMONIQUES DES LIQUIDES

Tant un Campari, allongé de jus d'orange ou de soda, qu'une bière de type india pale ale résonneront sur la même fréquence que l'orange, du moins à l'heure du brunch. Si c'est au petit-déjeuner, pourquoi pas un Mimosa, à base de vin mousseux et de jus d'orange fraîchement pressée ?

CAMPARI/ORANGE

ROULÉ À L'ORANGE ET CAMPARI

ASTUCE AROMATIQUE

C'est connu, le Campari adore être allongé de jus d'orange. Pourquoi ? Comme je l'explique dans l'astuce aromatique de la recette précédente, tout simplement parce qu'ils partagent le même profil aromatique.

INGRÉDIENTS

6 œufs
300 g (1 ½ tasse) de sucre
Jus et zeste de deux oranges
30 ml (2 c. à soupe) de Campari
50 g (2/5 tasse) de farine
5 ml (1 c. à thé) de poudre à lever

PRÉPARATION

1. Préchauffer le four à 180 °C (350 °F).
2. Dans un saladier, fouetter les œufs et le sucre. Dès que le mélange blanchit, ajouter le jus, le zeste d'orange et le Campari, et amalgamer le tout.
3. Tamiser ensemble la farine et la poudre à lever. Ajouter au premier mélange en prenant soin de ne pas faire de grumeaux.

4. Beurrer uniformément une plaque à biscuits et y déposer une feuille de papier sulfurisé. Beurrer de nouveau et fariner légèrement.
5. Verser le mélange sur la plaque et enfourner sur la grille du milieu de 15 à 20 minutes, jusqu'à ce que la surface commence à colorer.
6. Sur un linge de coton propre et sec, saupoudrer du sucre pour éviter que le gâteau ne colle lorsque vous le roulerez.
7. Sortie le gâteau du four et passer une lame de couteau pour décoller les côtés.
8. Retourner la plaque d'un seul geste sur le linge, retirer le papier sulfurisé et rouler le gâteau l'aide du linge.
9. Laisser refroidir dans le linge quelques minutes, puis le déposer tiède dans de la pellicule plastique.
10. Déposer au frigo et servir froid en tranches.

PISTES HARMONIQUES DES LIQUIDES

Mêmes suggestions que pour la précédente recette, avec bien sûr en tête de liste un Campari, allongé de jus d'orange ou de soda. Mais notez qu'un vin doux naturel à base de muscat appartient aussi à l'univers aromatique de l'orange, donc du Campari. Vous pensez : « Un cocktail à base de Campari/muscat/jus d'orange, est-ce que ça fonctionnerait ? Bien sûr !

GRAINES DE CORIANDRE/ORANGE

ROULÉ À L'ORANGE ET GRAINES DE CORIANDRE

ASTUCE AROMATIQUE

Graines de coriandre et orange, grande vibration aromatique !

INGRÉDIENTS

6 œufs
300 g (1 ½ tasse) de sucre
8 ml (1 ½ c. à thé) de graines de coriandre, concassées
Jus et zeste de deux oranges
50 g (2/5 tasse) de farine
5 ml (1 c. à thé) de poudre à lever

PRÉPARATION

1. Préchauffer le four à 180 °C (350 °F).
2. Dans un saladier, fouetter les œufs, le sucre et les graines de coriandre. Dès que le mélange blanchit, ajouter le jus et le zeste d'orange, et amalgamer le tout.
3. Tamiser ensemble la farine et la poudre à lever. Ajouter au premier mélange en prenant soin de ne pas faire de grumeaux.

4. Beurrer uniformément une plaque à biscuit et y déposer une feuille de papier sulfurisé. Beurrer de nouveau et fariner légèrement.
5. Verser le mélange sur la plaque et mettre au four sur la grille du milieu de 15 à 20 minutes, jusqu'à ce que la surface commence à colorer.
6. Sur un linge de coton propre et sec, saupoudrer du sucre, pour éviter que le gâteau ne colle lorsque vous le roulerez.
7. Sortir le gâteau du four et passer une lame de couteau pour décoller les côtés.
8. Retourner la plaque d'un seul geste sur le linge, décoller le papier sulfurisé et rouler le gâteau en serrant à l'aide du linge.
9. Laisser refroidir dans le linge serré quelques minutes, puis l'envelopper tiède dans de la pellicule plastique.
10. Déposer au frigo et servir froid en tranches.

PISTES HARMONIQUES DES LIQUIDES

Mêmes suggestions que pour les deux précédentes recettes.

NOIX DE PIN/MIEL/ORANGE

ROULÉ À L'ORANGE, MIEL ET NOIX DE PIN

ASTUCE AROMATIQUE

Tant le miel que les noix de pin sont sur la piste aromatique de l'orange, exactement comme le sont les aliments des trois précédentes recettes, tout comme le thé Earl Grey de la recette qui suit celle-ci. Ce qui explique la synergie entre l'orange et ces ingrédients.

INGRÉDIENTS

6 œufs
250 g (1 1/3 tasse) de sucre
50 g (1/4 tasse) de miel
Jus et zeste de deux oranges
50 g (2/5 tasse) de farine
5 ml (1 c. à thé) de poudre à lever
60 ml (1/4 tasse) de noix de pin grillées

PRÉPARATION

1. Préchauffer le four à 180 °C (350 °F).
2. Dans un saladier, fouetter les œufs, le sucre et le miel. Dès que le mélange blanchit, ajouter le jus et le zeste d'orange, et amalgamer le tout.
3. Tamiser ensemble la farine et la poudre à lever. Ajouter au premier mélange en prenant soin de ne pas faire de grumeaux.
4. Beurrer uniformément une plaque à biscuit et y déposer une feuille de papier sulfurisé. Beurrer de nouveau et fariner légèrement.

5. Verser le mélange sur la plaque, saupoudrer de noix de pin et enfourner sur la grille du milieu de 15 à 20 minutes jusqu'à ce que la surface commence à colorer.
6. Sur un linge de coton propre et sec, saupoudrer du sucre, pour éviter que le gâteau ne colle lorsque vous le roulerez.
7. Sortir le gâteau du four et passer une lame de couteau pour décoller les côtés.
8. Retourner la plaque d'un seul geste sur le linge, décoller le papier sulfurisé et rouler le gâteau en serrant à l'aide du linge.
9. Laisser refroidir dans le linge quelques minutes, puis l'envelopper tiède dans de la pellicule plastique.
10. Déposer au frigo et servir froid en tranches.

PISTES HARMONIQUES DES LIQUIDES

Il suffit de choisir parmi les pistes données dans les trois recettes précédentes, tout en sachant que le thé Earl Grey qui sera cuisiné dans la recette suivante pourrait aussi être dans votre tasse pour accompagner ces roulés !

THÉ EARL GREY/ORANGE

ROULÉ À L'ORANGE ET THÉ EARL GREY

ASTUCE AROMATIQUE

Voici notre cinquième version consécutive sur la piste de l'orange et de ses ingrédients complémentaires, comme c'est le cas du thé Earl Grey.

INGRÉDIENTS

6 œufs
300 g (1 ½ tasse) de sucre
3 ml (½ c. à thé) de thé Earl Grey réduit en poudre
Jus et zeste de deux oranges
50 g (2/5 tasse) de farine
5 ml (1 c. à thé) de poudre à lever

PRÉPARATION

1. Préchauffer le four à 180 °C (350 °F).
2. Dans un saladier, fouetter les œufs, le sucre et le thé Earl Grey. Dès que le mélange blanchit, ajouter le jus et le zeste d'orange, et amalgamer le tout.
3. Tamiser ensemble la farine et la poudre à lever. Ajouter au premier mélange en prenant soin de ne pas faire de grumeaux.
4. Beurrer uniformément une plaque à biscuit et y déposer une feuille de papier sulfurisé. Beurrer de nouveau et fariner légèrement.
5. Verser le mélange sur la plaque et enfourner sur la grille du milieu de 15 à 20 minutes, jusqu'à ce que la surface commence à colorer.

6. Sur un linge de coton propre et sec, saupoudrer de sucre, pour éviter que le gâteau ne colle lorsque vous le roulerez.
7. Sortir le gâteau du four et passer une lame de couteau pour décoller les côtés.
8. Retourner la plaque d'un seul geste sur le linge, décoller le papier sulfurisé et rouler le gâteau en vous servant du linge.
9. Laisser refroidir dans le linge quelques minutes, puis l'envelopper tiède dans de la pellicule plastique.
10. Déposer au frigo et servir froid en tranches.

PISTES HARMONIQUES DES LIQUIDES

Thé Earl Grey et zeste d'orange en priorité, mais aussi toutes les autres suggestions données dans les quatre recettes précédentes.

FENOUIL/CORIANDRE/POMME/ESTRAGON/
VINAIGRE BALSAMIQUE/PIMENTÓN/ROMARIN/LAVANDE/
GINGEMBRE FRAIS/CITRON/PAMPLEMOUSSE/SAFRAN

BRUSCHETTAS EN DIFFÉRENTS MODES AROMATIQUES

ASTUCE AROMATIQUE

Rien de mieux que les bruschettas pour apprivoiser, tout en s'amusant, la synergie aromatique entre les aliments. Voici six duos très synergiques!

INGRÉDIENTS

5 tomates italiennes mûres
1 gousse d'ail
30 ml (2 c. à soupe) d'huile d'olive
Fleur de sel

PRÉPARATION

1. Blanchir les tomates pour en retirer la peau. Les tailler en deux, les épépiner et les tailler en dés.
2. Les déposer dans une passoire et les laisser dégorger.
3. Mélanger tous les ingrédients dans un grand saladier.
4. Faire griller des tranches de pain de campagne et y déposer la préparation.

EN MODE ANISÉ

Ajouter à la préparation 125 ml de fenouil cru taillé en dés et 1 ½ c. à soupe de coriandre fraîche hachée.

EN MODE « GOÛT DE FROID »

Ajouter ½ pomme Granny Smith taillée en dés et 1 c. à soupe d'estragon frais haché.

EN MODE BARRIQUE

Ajouter à la préparation ½ c. à soupe de vinaigre balsamique et 1 c. à thé de pimentón doux fumé.

EN MODE ROMARIN

Ajouter à la préparation ½ c. à soupe de romarin frais haché et ½ c. à thé de pistils de lavande.

EN MODE GINGEMBRE

Ajouter à la préparation le jus d'un citron, 1 c. à thé de zestes de citron et ½ c. à soupe de gingembre frais râpé.

EN MODE SAFRAN

Ajouter quelques pistils de safran et 1 c. à thé de zestes de pamplemousse rose.

PISTES HARMONIQUES DES LIQUIDES

Comme chacune de ces six variations est sur une piste aromatique différente, il faut donc un type de liquide différent pour les escorter : fenouil/coriandre fraîche = sauvignon blanc; pomme verte/estragon = grüner veltliner autrichien ou thé vert sencha rafraîchi; vinaigre balsamique/pimentón = fumé blanc californien boisé; romarin/lavande = riesling ou bière india pale ale; gingembre/citron = xérès manzanilla ou bière blanche; safran/pamplemousse = vin rosé.

OLIVE NOIRE/THYM

CAKE AU PROSCIUTTO ET OLIVES NOIRES

ASTUCE AROMATIQUE

Olive noire et thym donnent la note ici pour magnifier ce cake à base de jambon sec. Partant de la piste de l'olive noire, n'hésitez pas à utiliser poivre, safran, zeste d'orange ou viande d'agneau, tous sur la même tonalité que l'olive noire.

INGRÉDIENTS

250 ml (1 tasse) de lait 3,25 %
6 œufs
300 g (2 ½ tasses) de farine
8 ml (1 ½ c. à thé) de poudre à lever
1 pincée de sel
45 ml (3 c. à soupe) de beurre fondu
80 g (3 oz) de prosciutto, taillé en dés
125 g (½ tasse) d'olives noires marocaines, dénoyautées
3 ml (½ c. à thé) de thym frais
90 g (3 oz) de fromage râpé, type cheddar jeune

PRÉPARATION

1. Préchauffer le four à 180 °C (350 °F).
2. Dans un bol, fouetter le lait et les œufs.
3. Dans un grand saladier, tamiser la farine, la poudre à lever et le sel.
4. Ajouter progressivement le liquide et le beurre fondu en fouettant jusqu'à l'obtention d'une pâte homogène.
5. Finir par le prosciutto, les olives, le thym et le fromage.
6. Mélanger et verser dans un moule à cake beurré et fariné.
7. Enfourner et cuire 35 à 40 minutes sur l'étage du milieu. Le cake est cuit lorsque la pointe d'un couteau en ressort propre.
8. Démouler le cake sur une grille et déguster à la température de la pièce.

ASTUCE DE SERVICE

Pour demeurer sur la même piste que l'olive noire, et ainsi créer encore plus de synergie aromatique entre les ingrédients, n'hésitez pas à ajouter, au moment du service, zestes d'orange et safran.

VARIATION AUX OLIVES VERTES

Vous préférez les olives vertes ? Qu'à cela ne tienne et créez votre version avec des ingrédients complémentaires à cette verte olive, comme le sont l'artichaut, le concombre, le fenouil, le maïs, l'épinard, l'oseille, la pomme verte, la tomate, le poivron vert, le daïkon, le jaune d'œuf, l'arachide crue, l'amande, le safran et la lavande.

PISTES HARMONIQUES DES LIQUIDES

Ce cake aux olives noires et thym fait fureur dans la rencontre avec un rouge de syrah, qu'il soit rhodanien ou australien. Quant à la variation aux olives vertes proposée, optez plutôt pour un riesling ou un xérès manzanilla.

OLIVE NOIRE/THYM

CAKE AUX LÉGUMES GRILLÉS

ASTUCE AROMATIQUE

Ce cake de légumes exalte les parfums ! Le moins que l'on puisse dire, c'est que la synergie opère. Mais pour que « ça explose », il suffit d'ajouter le trio romarin/laurier/sauge ou le trio thym/poivre/ajowan. À moins d'opter pour le trio graine de fenouil/anis/carvi. Tous les chemins sont possibles pour mener au nirvana aromatique de Papilles.

INGRÉDIENTS

LÉGUMES GRILLÉS

1 courgette, taillée en tranches épaisses
1 poivron rouge, pelé et taillé en trois
1 poivron orange, pelé et taillé en trois
½ aubergine, taillée en tranches épaisses
1 petit oignon jaune, taillé en rondelles épaisses
Huile d'olive

PÂTE

3 œufs
125 ml (½ tasse) de lait 3,25 %
30 ml (2 c. à soupe) d'huile d'olive
160 g (1 ⅓ tasse) de farine
5 ml (1 c. à thé) de poudre à lever
1 pincée de sel
50 g (2 oz) de parmesan frais râpé

PRÉPARATION

1. Préchauffer le BBQ. Assaisonner, huiler légèrement et faire griller les légumes sur les deux côtés. Laisser refroidir et réserver.
2. Préchauffer le four à 180 °C (350 °F).
3. Dans un bol, fouetter les œufs, le lait et l'huile jusqu'à l'obtention d'un liquide homogène.
4. Dans un grand saladier, tamiser la farine, la poudre à lever et le sel. Former un creux au centre et y verser le liquide progressivement, en fouettant pour éviter les grumeaux.
5. Tailler les légumes en gros morceaux et les ajouter à la préparation en même temps que le fromage.
6. Mélanger et verser dans un moule à cake beurré et fariné.
7. Enfourner et cuire 35 à 40 minutes sur l'étage du milieu. Le cake est cuit lorsque la pointe d'un couteau en ressort propre.
8. Démouler le cake sur une grille et déguster à la température de la pièce.

PISTES HARMONIQUES DES LIQUIDES

La piste de ce cake aux légumes est à la fois celle des blancs de sauvignon blanc et celle des rouges de cabernet franc. Comme je le proposais dans l'astuce aromatique d'intro, si vous ajoutez le trio romarin/laurier/sauge, alors servez un riesling. Si vous optez pour l'ajout du trio thym/poivre/ajowan, servez alors un assemblage rouge grenache/syrah/mourvèdre. Enfin, si vous arrêtez votre choix sur le trio graines de fenouil/anis/carvi, alors là revenez au sauvignon blanc original. Je vous le redis, tous les chemins sont possibles pour mener au nirvana aromatique de Papilles.

SAUCE DE POISSON/ANCHOIS/PETIT POIS/PÂTE DE TOMATES

DUMPLINGS AU CRABE EN MODE UMAMI

ASTUCE AROMATIQUE

Voici notre version « crabe », donc estivale, de la recette de dumpling au porc en mode umami publiée dans le tome *Printemps*. Nous avons concentré de la même manière l'effet umami en y superposant des aliments riches en acides aminés de cette famille, comme c'est le cas du crabe, de la pâte de tomates, de la sauce de poisson (nuoc-mâm) et des anchois.

INGRÉDIENTS

225 g (½ lb) de poitrine de volaille
190 ml (¾ tasse) de chair de crabe
1 jaune d'œuf
125 ml (½ tasse) de chou chinois haché
5 ml (1 c. à thé) de fécule de maïs
60 ml (¼ tasse) d'échalotes vertes hachées
5 ml (1 c. à thé) de sauce de poisson (nuoc-mam)

1 gousse d'ail
5 filets d'anchois à l'huile, hachés finement
125 ml (½ tasse) de petits pois blanchis à l'eau
15 ml (1 c. à soupe) de pâte de tomates
Sel
1 paquet de pâtes à won-ton (épiceries asiatiques)

PRÉPARATION

1. Dans la cuve d'un robot culinaire, mélanger tous les ingrédients, sauf les pâtes, pour obtenir un mélange homogène.
2. Sur un plan de travail légèrement fariné, placer quelques feuilles de won-ton à la fois, pour éviter qu'elles ne sèchent.
3. Au centre de chaque pâte, déposer 1 c. à soupe de farce. À l'aide d'un pinceau, badigeonner le pourtour de la pâte avec un peu d'eau et la rabattre pour former un triangle, puis sceller les bords. Une fois le dumpling fermé, le presser légèrement entre les paumes des mains pour retirer l'air qui pourrait rester. Déposer sur une plaque à biscuits farinée et réserver au réfrigérateur.
4. Dans une grande casserole d'eau bouillante salée, plonger les dumplings environ 5 minutes. Bien les égoutter sur un papier absorbant et les faire colorer dans une poêle huilée pour apporter une touche croustillante.

PISTES HARMONIQUES DES LIQUIDES

L'umami se trouve surtout dans les vins de régions chaudes, élevés longuement sur lie en barriques de chêne, comme c'est souvent le cas des chardonnays du Nouveau Monde, et de certains assemblages du Midi à base de roussanne, marsanne et grenache blancs. Notez que les bières de fermentation haute, de type ale, dont le degré d'alcool est passablement élevé, sont aussi très riches en saveur umami. Ah oui, le saké est aussi à privilégier.

CORIANDRE FRAÎCHE/CÉLERI/HUILE DE SÉSAME GRILLÉ

DUMPLINGS AUX CREVETTES ET À LA CORIANDRE FRAÎCHE

ASTUCE AROMATIQUE

Nous avons ici remplacé le porc de notre recette de dumpling en mode anisé, publiée dans le tome Printemps, par la crevette. Si vous n'êtes pas fan de la coriandre fraîche, remplacez-la pour de la menthe, du basilic ou du cerfeuil, tous sont sur le même mode aromatique!

INGRÉDIENTS

450 g (1 lb) de crevettes crues, décortiquées
15 ml (1 c. à soupe) de mayonnaise maison
125 ml (½ tasse) de chou chinois haché
5 ml (1 c. à thé) de fécule de maïs

Jus et zeste d'une demi-orange
½ bouquet de coriandre fraîche hachée
10 ml (2 c. à thé) de sauce de poisson
15 ml (1 c. à soupe) de sauce hoisin
5 ml (1 c. à thé) d'huile de sésame grillé
15 ml (1 c. à soupe) de feuilles d'un pied de céleri, hachées
1 gousse d'ail
Sel
1 paquet de pâtes à won-ton (épiceries asiatiques)

PRÉPARATION

1. Dans la cuve d'un robot culinaire, mélanger tous les ingrédients, sauf les pâtes, pour obtenir un mélange homogène. Rectifier l'assaisonnement en cuisant un peu de farce à la poêle.
2. Sur un plan de travail légèrement fariné, placer quelques feuilles de won-ton à la fois, pour éviter qu'elles ne sèchent.
3. Au centre de chaque pâte, déposer 1 c. à soupe de farce. À l'aide d'un pinceau, badigeonner le pourtour de la pâte et la rabattre pour former un triangle, puis sceller les bords. Une fois le dumpling fermé, le presser légèrement entre les paumes des mains pour retirer l'air qui pourrait rester. Déposer sur une plaque à biscuits farinée et réserver au réfrigérateur.
4. Dans une grande casserole d'eau bouillante salée, plonger les dumplings environ 5 minutes. Bien les égoutter sur un papier absorbant et les faire colorer dans une poêle huilée pour apporter une touche croustillante.

PISTES HARMONIQUES DES LIQUIDES

La piste des crevettes, de la coriandre fraîche, du céleri et du sésame grillé est celle des vins blancs de sauvignon blanc, tout comme de fumé blanc et de verdejo (appellation Rueda, en Espagne).

CREVETTE/PIMENTÓN/PÂTE DE TOMATES/SÉSAME GRILLÉ

DUMPLINGS AUX CREVETTES, PIMENTÓN ET TOMATE

ASTUCE AROMATIQUE

Crevette, pimentón, tomate et sésame grillé sont des alliés naturels tant leur profil aromatique est proche parent, ce qui crée la synergie recherchée.

INGRÉDIENTS

450 g (1 lb) de crevettes crues, décortiquées
15 ml (1 c. à soupe) de pâte de tomates
15 ml (1 c. à soupe) de mayonnaise maison
125 ml (½ tasse) de chou chinois haché

5 ml (1 c. à thé) de fécule de maïs
Jus et zeste d'une demi-orange
10 ml (2 c. à thé) de sauce de poisson
15 ml (1 c. à soupe) de sauce hoisin
5 ml (1 c. à thé) d'huile de sésame grillé
15 ml (1 c. à soupe) de feuilles d'un pied de céleri, hachées
10 ml (2 c. à thé) de pimentón doux
1 gousse d'ail
Sel
1 paquet de pâtes à won-ton (épiceries asiatiques)

PRÉPARATION

1. Dans la cuve d'un robot culinaire, mélanger tous les ingrédients, sauf les pâtes, pour obtenir un mélange homogène. Rectifier l'assaisonnement en cuisant un peu de farce à la poêle.
2. Sur un plan de travail légèrement fariné, placer quelques feuilles de won-ton à la fois, pour éviter qu'elles ne sèchent.
3. Au centre de chaque pâte, déposer 1 c. à soupe de farce. À l'aide d'un pinceau, badigeonner le pourtour de la pâte avec un peu d'eau et la rabattre pour former un triangle. Une fois le dumpling fermé, le presser légèrement entre les paumes des mains pour retirer l'air qui pourrait rester. Déposer sur une plaque à biscuits farinée et réserver au réfrigérateur.
4. Dans une grande casserole d'eau bouillante salée, plonger les dumplings environ 5 minutes et les faire colorer dans une poêle huilée pour apporter une touche croustillante.

PISTES HARMONIQUES DES LIQUIDES

Exactement la même piste que pour la précédente recette, soit celle des vins de sauvignon blanc, tout comme de fumé blanc et de verdejo (appellation Rueda, en Espagne).

ARTICHAUT

FLAN D'ARTICHAUTS

ASTUCE AROMATIQUE

Pour créer de la synergie aromatique, accompagnez ce flan d'un ou de plusieurs ingrédients complémentaires à l'artichaut, comme les œufs de truite, le caviar d'esturgeon, les asperges blanches, l'avocat, les champignons, les crevettes, le jambon séché, les olives noires, la sauce soya, le zeste d'orange ou, comme nous vous le proposons dans la recette suivante, le fromage bleu.

INGRÉDIENTS

125 ml (½ tasse) de crème 35 %
4 œufs
10 fonds d'artichaut en conserve, rincés, égouttés et taillés en 2
Sel
Beurre

PRÉPARATION

1. Préchauffer le four à 150 °C (300 °F).
2. Dans une casserole, faire chauffer la crème.
3. Dans le bol d'un mélangeur, casser les œufs et ajouter les artichauts.
4. Mélanger jusqu'à l'obtention d'une texture homogène.
5. Verser la crème tiède dans la préparation œufs/artichauts et mélanger.
6. Passer la préparation dans un tamis fin. Rectifier l'assaisonnement et verser dans des ramequins beurrés.
7. Déposer les ramequins dans un grand plat à larges rebords et y verser de l'eau bouillante.
8. Placer au four et cuire environ 40 minutes, jusqu'à ce que les flans soient fermes.
9. Laisser refroidir et déguster.

PISTES HARMONIQUES DES LIQUIDES

La piste de l'artichaut et de ses ingrédients complémentaires, telle que détaillée dans l'astuce aromatique d'introduction de cette recette, est celle des vins blancs de verdejo (appellation Rueda, Espagne) et des crus de sauvignon blanc, peu importe l'origine, ainsi que des vins de Xérès, de type fino et manzanilla.

FROMAGE BLEU/ARTICHAUT

FLAN D'ARTICHAUTS AU FROMAGE BLEU

ASTUCE AROMATIQUE

Même principe aromatique que détaillé dans la précédente recette de flan et mêmes accompagnements, en privilégiant les œufs de truite, le caviar d'esturgeon, les asperges blanches, les champignons, le jambon séché et les olives noires.

INGRÉDIENTS

125 ml (½ tasse) de crème 35 %
5 œufs
10 fonds d'artichaut en conserve, rincés, égouttés et taillés en 2
Sel
60 g (2 oz) de fromage bleu type danois
Beurre

PRÉPARATION

1. Préchauffer le four à 150 °C (300 °F).
2. Dans une casserole, faire chauffer la crème.
3. Dans le bol d'un mélangeur, casser les œufs et ajouter les artichauts.
4. Mélanger jusqu'à l'obtention d'une texture homogène.
5. Verser la crème tiède dans le mélange d'artichauts/œufs en mixant de nouveau.
6. Passer la préparation dans un tamis fin. Rectifier l'assaisonnement et verser dans des ramequins beurrés.
7. Séparer le fromage en 4 parties égales et déposer sur les flans.
8. Déposer les ramequins dans un grand plat à larges rebords et y verser de l'eau bouillante.
9. Placer au four et cuire environ 40 minutes, jusqu'à ce que les flans soient fermes.
10. Laisser refroidir et déguster.

PISTES HARMONIQUES DES LIQUIDES

Mêmes pistes que pour la précédente recette, en ce qui concerne les vins blancs de verdejo (appellation Rueda, Espagne) et les crus de sauvignon blanc, mais cette fois-ci avec des vins ayant séjourné en barriques de chêne. Aussi, pour les vins de Xérès, choisissez cette fois-ci des crus de type amontillado ou manzanilla passada.

AVOCAT/CORIANDRE FRAÎCHE/CITRON VERT/WASABI

GRANITÉ AU GUACAMOLE D'AVOCAT

ASTUCE AROMATIQUE

En partant de la recette de guacamole à la coriandre fraîche, citron vert et Tabasco (voir *Papilles Printemps!* page 66), je me suis dit que ce serait pas mal de transposer la chose en mode granité. C'est fait! Notez que le citron vert, la coriandre fraîche et le wasabi sont sur la même piste aromatique que l'avocat, tout comme le cerfeuil, la menthe et le piment jalapeño qui sont des variations possibles pour ce granité mexicain.

INGRÉDIENTS

2 avocats mûrs, pelés et dénoyautés
Jus d'un citron vert
Jus d'un demi-citron jaune
60 ml (¼ tasse) d'eau
15 ml (1 c. à soupe) de sucre
1 pointe de wasabi
Quelques feuilles de coriandre fraîche
Sel

PRÉPARATION

1. Dans un mélangeur, mixer la chair des avocats et les autres ingrédients jusqu'à l'obtention d'une texture lisse. Passer au tamis.
2. Verser le mélange dans un plat en pyrex assez grand pour que l'épaisseur avoisine les 1 à 2 cm et placer au congélateur.
3. Après 1 heure, gratter à la fourchette. Continuer de gratter le granité toutes les 30 minutes durant 3 à 4 heures de manière à obtenir une texture de paillettes.

PISTES HARMONIQUES DES LIQUIDES

L'avocat, tout comme ses ingrédients complémentaires, est sur la piste des vins de sauvignon blanc et autres vins de cépages de même famille que ce dernier : verdejo, albariño, chenin blanc, romorantin, greco di Tufo, vermentino, garganega, assyrtiko.

MUSCADE/POIVRE BLANC

GRATIN DE POMMES DE TERRE COMME UN DAUPHINOIS À LA MUSCADE

ASTUCE AROMATIQUE

À partir de ce classique dauphinois, parfumé par la muscade, plusieurs variations aromatiques sont possibles en prenant compte des ingrédients complémentaires à cette noix épicée, comme le sont, entre autres, la marjolaine, l'origan, la sauge, la cardamome, les baies de genièvre, le curcuma, le poivre cubèbe et le poivre blanc de cette recette.

INGRÉDIENTS

1 kg (2 ¼ lb) de pommes de terre
50 g (¼ tasse) de beurre salé
1 oignon jaune moyen, émincé
250 ml (1 tasse) de lait 3,25 %
500 ml (2 tasses) de crème 35 %
1 gousse d'ail
Sel et poivre blanc
1 pointe de muscade

PRÉPARATION

1. Éplucher les pommes de terre et les rincer sous l'eau sans les laisser tremper.
2. À l'aide d'une mandoline, tailler les pommes de terre en fines rondelles.
3. Dans une grande casserole, faire fondre la moitié du beurre et y faire suer l'oignon, sans coloration. Ajouter le lait et la crème et faire bouillir. Assaisonner, ajouter la muscade et y plonger les rondelles de pommes de terre.

4. Cuire environ 10 minutes à feu doux. Remuer souvent pour que les pommes de terre ne collent pas au fond.
5. Préchauffer le four à 180 °C (350 °F).
6. Frotter un plat allant au four avec la gousse d'ail et le beurrer. Y verser la préparation et déposer le reste du beurre en noisettes à la surface. Placer au milieu du four et cuire environ 30 minutes, ou jusqu'à ce que le gratin soit bien doré et qu'un couteau s'y enfonce sans difficulté.
7. Déguster.

PISTES HARMONIQUES DES LIQUIDES

Albariño et viura d'Espagne, müller-thurgau italiens et autrichiens, scheurebe autrichiens, muscat sec alsacien et manzanilla de Xérès sont les vins à privilégier avec les recettes dominées par les ingrédients complémentaires à la muscade, tout comme avec cette dernière, bien sûr.

CURCUMA/SAUGE

GRATIN DE POMMES DE TERRE COMME UN DAUPHINOIS À LA SAUGE ET CURCUMA

ASTUCE AROMATIQUE

Question de vous démontrer ce que j'explique dans l'astuce aromatique de la précédente recette, voici une version sur la piste de la muscade, mais cette fois-ci avec du curcuma et de la sauge.

INGRÉDIENTS

1 kg (2 ¼ lb) de pommes de terre
50 g (¼ tasse) de beurre salé
1 oignon jaune moyen, émincé
250 ml (1 tasse) de lait 3,25 %
500 ml (2 tasses) de crème 35 %
Sel et poivre blanc
7 feuilles de sauge fraîche
5 ml (1 c. à thé) de curcuma moulu
1 gousse d'ail

PRÉPARATION

1. Éplucher les pommes de terre et les rincer sous l'eau sans les laisser tremper.
2. À l'aide d'une mandoline, tailler les pommes de terre en fines rondelles.
3. Dans une grande casserole, faire fondre la moitié du beurre et y faire suer l'oignon sans coloration. Ajouter le lait et la crème, et faire bouillir. Assaisonner et y plonger les rondelles de pommes de terre, les feuilles de sauge et le curcuma.

4. Cuire environ 10 minutes à feu doux. Remuer souvent pour que les pommes de terre ne collent pas au fond.
5. Préchauffer le four à 180 °C (350 °F).
6. Frotter un plat allant au four avec la gousse d'ail et beurrer. Retirer les feuilles de sauge et y verser la préparation. Déposer le reste du beurre en noisettes à la surface. Placer au milieu du four et cuire environ 30 minutes, ou jusqu'à ce que le gratin soit bien doré et qu'un couteau s'y enfonce sans difficulté.
7. Déguster.

PISTES HARMONIQUES DES LIQUIDES

Exactement les mêmes pistes que la recette précédente, avec en prime le gewurztraminer.

ANIS ÉTOILÉ/CANNELLE/GIROFLE/VINAIGRE BALSAMIQUE/ VINAIGRE DE XÉRÈS

ŒUFS DANS LE VINAIGRE POUR AMATEUR DE VIN!

ASTUCE AROMATIQUE

Comme les œufs sont souvent classés dans la liste des ennemis du vin... je me suis dit qu'il serait pas mal amusant de les « trafiquer » pour le vin. Nous avons donc sélectionné des ingrédients sur la piste, entre autres, des arômes apportés par le chêne dans lequel sont élevés généralement les vins et de la famille du sotolon. Résultat, des œufs sur mesure pour garnir vos salades et vos sandwichs d'été, le tout pour amateur de vin!

INGRÉDIENTS

6 œufs
125 ml (½ tasse) d'eau
125 ml (½ tasse) de vinaigre balsamique
125 ml (½ tasse) de vieux vinaigre de xérès élevé en fût
5 ml (1 c. à thé) de sel
5 clous de girofle
1 anis étoilé
1 petit bâton de cannelle

PRÉPARATION

1. Cuire les œufs dans une casserole d'eau bouillante pendant 10 minutes.
2. Dans une autre casserole, faire chauffer les autres ingrédients.
3. Une fois les œufs cuits, les écaler et les placer dans un contenant hermétique du genre pot Mason bien stérilisé.
4. Y verser la marinade chaude et le fermer. Une fois que le couvercle aura fait « pop* », placer le pot au réfrigérateur pendant 2 jours avant de déguster.

*Pop : le couvercle devient concave, avec une légère dépression au centre s'accompagnant d'un petit bruit métallique.

PISTES HARMONIQUES DES LIQUIDES

On sert quoi? Des vins blancs élevés en barriques bien sûr, plus particulièrement des crus du Midi à base de roussanne, de marsanne et/ou de grenache blanc. Aussi, presque tous les types de blancs ayant plusieurs années de bouteille et ayant développé un léger caractère oxydatif (sans être oxydés). Sans oublier les vieux champagnes, ainsi que les xérès, de type amontillado, et les madères de type sercial. Enfin, les bières de type ale, plus particulièrement les brunes extra-fortes, vibrent sur la même tonalité que ces œufs « trafiqués ».

COURGETTE/SAFRAN/PAMPLEMOUSSE ROSE

PAIN À LA COURGETTE AU SAFRAN

ASTUCE AROMATIQUE

Nombreux sont les aliments complémentaires à la courgette partageant le même profil aromatique, ce qui nous a inspiré quelques versions de pain à la courgette, dont celui-ci, au safran et pamplemousse rose. Si vous êtes des lecteurs du tome I de *Papilles et Molécules*, vous aurez remarqué que nos recherches sur la courgette sont toutes fraîches si bien que nos résultats n'avaient jamais été publiés, ce qui est le cas de nombreux aliments et liquides mis en scène dans les recettes des quatre tomes de la collection *Papillles pour tous!*

INGRÉDIENTS

500 ml (2 tasses) de courgettes en julienne, dégorgées et tassées
5 ml (1 c. à thé) de sel fin
320 g (2 2/3 tasses) de farine
10 ml (2 c. à thé) de poudre à lever
125 ml (2/3 tasse) de sucre
5 ml (1 c. à thé) de sel fin
4 œufs entiers
125 ml (1/2 tasse) de lait 3,25 %
190 ml (3/4 tasse) d'huile d'olive
1 pincée de pistils de safran
Zeste d'un demi-pamplemousse rose
Fleur de sel

PRÉPARATION

1. Déposer la julienne de courgettes dans un saladier et ajouter le sel pour dégorger.
2. Tamiser ensemble la farine, la poudre à lever, le sucre et le sel. Réserver.

3. Dans un saladier, battre les œufs et le lait. Ajouter l'huile d'olive, le safran, les zestes de pamplemousse et les courgettes que vous aurez pressées pour retirer l'excédent de liquide.
4. Mélanger les deux appareils en plusieurs étapes pour éviter les grumeaux.
5. Préchauffer le four à 180 °C (350 °F).
6. Beurrer un moule, y verser le mélange et lisser avec une spatule. Verser un filet d'huile et saupoudrer d'un peu de fleur de sel.
7. Placer au four et cuire environ 45 minutes.
8. Le pain est cuit lorsque la pointe d'un couteau en ressort propre et sèche, sinon poursuivre la cuisson quelques minutes encore.

PISTES HARMONIQUES DES LIQUIDES

Le safran et le pamplemousse rose de ce pain aux courgettes donnent le chemin à suivre : soit un sauvignon blanc (ce qui inclut le verdejo espagnol), soit un riesling. À ces suggestions s'ajoutent le xérès fino et la grande majorité des vins rosés.

COURGETTE/PIMENTÓN

PAIN À LA COURGETTE AU PIMENTÓN

ASTUCE AROMATIQUE

Parmi les aliments complémentaires à la courgette, partageant le même profil aromatique – créant ainsi une synergie aromatique lorsque cuisinés ensemble –, il y a le safran et le pamplemousse de la précédente recette, mais il y a aussi le pimentón, tout comme le paprika, le wasabi, la coriandre fraîche, le curcuma, le gingembre et les agrumes.

INGRÉDIENTS

500 ml (2 tasses) de courgettes en julienne, dégorgées et tassées
5 ml (1 c. à thé) de sel fin
320 g (2 2/3 tasses) de farine
10 ml (2 c. à thé) de poudre à lever
125 ml (2/3 tasse) de sucre
5 ml (1 c. à thé) de sel fin
4 œufs entiers
125 ml (½ tasse) de lait 3,25 %
190 ml (¾ tasse) d'huile d'olive
8 ml (1 ½ c. à thé) de pimentón doux
Fleur de sel

PRÉPARATION

1. Déposer la julienne de courgettes dans un saladier et ajouter le sel pour dégorger.
2. Tamiser ensemble la farine, la poudre à lever, le sucre et le sel. Réserver.

3. Dans un saladier, battre les œufs et le lait. Ajouter l'huile d'olive, le pimentón et les courgettes que vous aurez pressées pour retirer l'excédent de liquide.
4. Mélanger les deux appareils en plusieurs étapes pour éviter les grumeaux.
5. Préchauffer le four à 180 °C (350 °F).
6. Beurrer un moule, y verser le mélange et lisser avec une spatule. Verser un filet d'huile et saupoudrer d'un peu de fleur de sel.
7. Placer au four et cuire environ 45 minutes.
8. Le pain est cuit lorsque la pointe d'un couteau en ressort propre et sèche, sinon poursuivre la cuisson quelques minutes encore.

PISTES HARMONIQUES DES LIQUIDES

Le pimentón entre en liaison harmonique tant avec un sauvignon blanc, ce qui inclut le verdejo espagnol, qu'avec la grande majorité des vins rosés.

COURGETTE/CORIANDRE FRAÎCHE/WASABI

PAIN À LA COURGETTE À LA CORIANDRE

ASTUCE AROMATIQUE

Le duo coriandre fraîche et wasabi, sur le même profil aromatique que la courgette, créé, en plus d'une forte synergie aromatique, possèdent des composés aromatiques générant une sensation de fraîcheur sur les papilles. Ils sont tous deux des aliments au « goût de froid ».

INGRÉDIENTS

500 ml (2 tasses) de courgettes en julienne, dégorgées et tassées
5 ml (1 c. à thé) de sel fin
320 g (2 2/3 tasses) de farine
10 ml (2 c. à thé) de poudre à lever
125 ml (2/3 tasse) de sucre
5 ml (1 c. à thé) de sel fin
4 œufs entiers
125 ml (½ tasse) de lait 3,25 %
190 ml (¾ tasse) d'huile d'olive
1 pointe de wasabi
1 bouquet de coriandre, haché
Fleur de sel

PRÉPARATION

1. Déposer la julienne de courgettes dans un saladier et ajouter une pincée de sel pour dégorger.
2. Tamiser ensemble la farine, la poudre à lever, le sucre et le sel. Réserver.

3. Dans un saladier, battre les œufs et le lait. Ajouter l'huile d'olive, le wasabi, la coriandre et les courgettes que vous aurez pressées pour retirer l'excédent de liquide.
4. Mélanger les deux appareils en plusieurs étapes pour éviter les grumeaux.
5. Préchauffer le four à 180 °C (350 °F).
6. Beurrer un moule, y verser le mélange et lisser avec une spatule. Verser un filet d'huile et saupoudrer d'un peu de fleur de sel.
7. Placer au four et cuire environ 45 minutes.
8. Le pain est cuit lorsque la pointe d'un couteau en ressort propre et sèche, sinon poursuivre la cuisson quelques minutes encore.

PISTES HARMONIQUES DES LIQUIDES

Coriandre fraîche et wasabi sont le royaume des vins au profil à la fois anisé et « goût de froid », ce à quoi répondent les vins de sauvignon blanc, de verdejo, de chenin blanc, de romorantin, de garganega, de greco di Tufo, de cortese et de grüner veltliner.

COURGETTE/CURCUMA

PAIN À LA COURGETTE AU CURCUMA

ASTUCE AROMATIQUE

Qui dit courgette dit aussi curcuma ! C'est d'ailleurs l'une des belles façons d'intégrer à votre cuisine cette épice indienne au grand pouvoir santé – le curcuma est un puissant anti-inflammatoire. Kampaï !

INGRÉDIENTS

500 ml (2 tasses) de courgettes en julienne, dégorgées et tassées
5 ml (1 c. à thé) de sel fin
320 g (2 2/3 tasses) de farine
10 ml (2 c. à thé) de poudre à lever
125 ml (2/3 tasse) de sucre
5 ml (1 c. à thé) de sel fin
4 œufs entiers
125 ml (½ tasse) de lait 3,25 %
190 ml (¾ tasse) d'huile d'olive
10 ml (2 c. à thé) de curcuma en poudre
Fleur de sel

PRÉPARATION

1. Déposer la julienne de courgettes dans un saladier et ajouter une pincée de sel pour dégorger.
2. Tamiser ensemble la farine, la poudre à lever, le sucre et le sel. Réserver.

3. Dans un saladier, battre les œufs et le lait. Ajouter l'huile d'olive, le curcuma et les courgettes que vous aurez pressées pour retirer l'excédent de liquide.
4. Mélanger les deux appareils en plusieurs étapes pour éviter les grumeaux.
5. Préchauffer le four à 180 °C (350 °F).
6. Beurrer un moule, y verser le mélange et lisser avec une spatule. Verser un filet d'huile et saupoudrer d'un peu de fleur de sel.
7. Placer au four et cuire environ 45 minutes.
8. Le pain est cuit lorsque la pointe d'un couteau en ressort propre et sèche, sinon poursuivre la cuisson quelques minutes encore.

PISTES HARMONIQUES DES LIQUIDES

Et qui dit curcuma dit gewurztraminer ! Ce qui inclut les vins de muscat et de malvasia.

COURGETTE/GINGEMBRE FRAIS

PAIN À LA COURGETTE AU GINGEMBRE

ASTUCE AROMATIQUE

Qui dit curcuma, comme dans la précédente recette, dit aussi gingembre ! Et le gingembre, comme le curcuma, est un puissant anti-inflammatoire, donc un aliment santé à intégrer à son quotidien.

INGRÉDIENTS

500 ml (2 tasses) de courgettes en julienne, dégorgées et tassées
5 ml (1 c. à thé) de sel fin
320 g (2 2/3 tasses) de farine
10 ml (2 c. à thé) de poudre à lever
125 ml (2/3 tasse) de sucre
5 ml (1 c. à thé) de sel fin
4 œufs entiers
125 ml (½ tasse) de lait 3,25 %
190 ml (¾ tasse) d'huile d'olive
25 ml (1 ½ c. à soupe) de gingembre frais râpé
Fleur de sel

PRÉPARATION

1. Déposer la julienne de courgettes dans un saladier et ajouter une pincée de sel pour dégorger.
2. Tamiser ensemble la farine, la poudre à lever, le sucre et le sel. Réserver.
3. Dans un saladier, battre les œufs et le lait. Ajouter l'huile d'olive, le gingembre et les courgettes que vous aurez pressées pour retirer l'excédent de liquide.
4. Mélanger les deux appareils en plusieurs étapes pour éviter les grumeaux.
5. Préchauffer le four à 180 °C (350 °F).

6. Beurrer un moule, y verser le mélange et lisser avec une spatule. Verser un filet d'huile et saupoudrer d'un peu de fleur de sel.
7. Placer au four et cuire environ 45 minutes.
8. Le pain est cuit lorsque la pointe d'un couteau en ressort propre et sèche, sinon poursuivre la cuisson quelques minutes encore.

PISTES HARMONIQUES DES LIQUIDES

Je sais, vous avez compris... Si le curcuma est en lien direct avec les vins de gewurztraminer, il doit en être de même pour le gingembre qui est son cousin aromatique. Alors, optez pour les choix de la précédente recette à base de curcuma.

COURGETTE/CARDAMOME

PAIN À LA COURGETTE À LA CARDAMOME

ASTUCE AROMATIQUE

La cardamome verte a un grand pouvoir de synergie aromatique lorsque cuisinée avec la courgette, peut-être même un peu plus puissant qu'avec les aliments des précédentes recettes. Vous en aurez été informé !

INGRÉDIENTS

500 ml (2 tasses) de courgettes en julienne, dégorgées et tassées
5 ml (1 c. à thé) de sel fin
320 g (2 2/3 tasses) de farine
10 ml (2 c. à thé) de poudre à lever
125 ml (2/3 tasse) de sucre
5 ml (1 c. à thé) de sel fin
4 œufs entiers
125 ml (½ tasse) de lait 3,25 %
190 ml (¾ tasse) d'huile d'olive
3 ml (½ c. à thé) de cardamome verte réduite en poudre
Fleur de sel

PRÉPARATION

1. Déposer la julienne de courgettes dans un saladier et ajouter une pincée de sel pour dégorger.
2. Tamiser ensemble la farine, la poudre à lever, le sucre et le sel. Réserver.
3. Dans un saladier, battre les œufs et le lait. Ajouter l'huile d'olive, la cardamome et les courgettes que vous aurez pressées pour retirer l'excédent de liquide.
4. Mélanger les deux appareils en plusieurs étapes pour éviter les grumeaux.
5. Préchauffer le four à 180 °C (350 °F).

6. Beurrer un moule, y verser le mélange et lisser avec une spatule. Verser un filet d'huile et saupoudrer d'un peu de fleur de sel.
7. Placer au four et cuire environ 45 minutes.
8. Le pain est cuit lorsque la pointe d'un couteau en ressort propre et sèche, sinon poursuivre la cuisson quelques minutes encore.

PISTES HARMONIQUES DES LIQUIDES

La cardamome verte résonne fortement avec les vins de riesling, tout comme avec les xérès de type fino et manzanilla.

COURGETTE/ZESTES D'AGRUMES

PAIN À LA COURGETTE AUX ZESTES D'AGRUMES

ASTUCE AROMATIQUE

Quoi de mieux, par une chaude journée estivale, que d'ajouter des rafraîchissants zestes d'agrumes à votre pain à la courgette ! Ah oui, j'oubliais, les agrumes sont, comme les ingrédients des six précédentes recettes, sur la même tonalité aromatique que la courgette.

INGRÉDIENTS

500 ml (2 tasses) de courgettes en julienne, dégorgées et tassées
5 ml (1 c. à thé) de sel fin
320 g (2 2/3 tasses) de farine
10 ml (2 c. à thé) de poudre à lever
125 ml (2/3 tasse) de sucre
5 ml (1 c. à thé) de sel fin
4 œufs entiers
125 ml (½ tasse) de lait 3,25 %
190 ml (¾ tasse) d'huile d'olive
15 ml (1 c. à soupe) de zestes d'orange (ou 50/50 citron et orange)
Fleur de sel

PRÉPARATION

1. Déposer la julienne de courgettes dans un saladier et ajouter une pincée de sel pour dégorger.
2. Tamiser ensemble la farine, la poudre à lever, le sucre et le sel. Réserver.
3. Dans un saladier, battre les œufs et le lait. Ajouter l'huile d'olive, les zestes d'agrumes et les courgettes que vous aurez pressées pour retirer l'excédent de liquide.
4. Mélanger les deux appareils en plusieurs étapes pour éviter les grumeaux.
5. Préchauffer le four à 180 °C (350 °F).

6. Beurrer un moule, y verser le mélange et lisser avec une spatule. Verser un filet d'huile et saupoudrer d'un peu de fleur de sel.
7. Placer au four et cuire environ 45 minutes.
8. Le pain est cuit lorsque la pointe d'un couteau en ressort propre et sèche, sinon poursuivre la cuisson quelques minutes encore.

PISTES HARMONIQUES DES LIQUIDES

Les zestes d'agrumes de ce pain aux courgettes donnent le chemin à suivre : soit un riesling, ce qui inclut l'albariño espagnol, ou encore un xérès fino, sans oublier la grande majorité des vins rosés.

THYM

PAIN PITA AU THYM

ASTUCE AROMATIQUE

Avec Stéphane, nous nous sommes amusés à parfumer des pains plats, question de leur donner chaque fois une piste aromatique différente. Ainsi, vous pourrez servir un pain parfumé dans la même tonalité aromatique que votre plat. Ici, la piste est le thym, on servira donc ce pain avec des plats dominées par des ingrédients complémentaires au thym : agneau, olive noire, poivre noir, poivre blanc, ajowan, origan, sarriette, livèche, sauge, baie de genièvre, agrumes, lavande, safran. Enfin, vous pouvez aussi garnir ces pains, après cuisson, avec les ingrédients en question, puis les remettre à chauffer au BBQ.

INGRÉDIENTS

200 g (1 ¾ tasse) de farine blanche non blanchie
4 ml (¾ c. à thé) de sel
15 ml (1 c. à soupe) de thym sec haché (pas en poudre)
5 ml (1 c. à thé) de levure sèche
250 ml (1 tasse) d'eau
80 ml (⅓ tasse) d'huile d'olive

PRÉPARATION

1. Préchauffer le four à 230 °C (450 °F).
2. Dans un grand bol, mélanger la farine, le sel et le thym.
3. Faire un creux dans le centre et y verser la levure dissoute dans un peu d'eau tiède. Ajouter l'eau et l'huile.
4. Mélanger à la cuillère de bois pour obtenir une pâte homogène.
5. Sur le plan de travail, déposer la pâte et la tailler en deux pâtons égaux. Couvrir d'une pellicule plastique et laisser reposer 30 minutes.
6. Étaler le premier pâton à la main, pour donner un côté plus rustique, et le déposer sur une plaque de cuisson recouverte d'une feuille de papier sulfurisé. Répéter l'opération avec le deuxième pâton. Laisser reposer 30 minutes.

7. Badigeonner les pains avec de l'huile d'olive et saupoudrer de fleur de sel. Cuire au four environ 15 minutes ou jusqu'à ce que les pains soient dorés.

PISTES HARMONIQUES DES LIQUIDES

Qui dit thym dit vins rouges du Midi, plus particulièrement ceux à base de grenache, syrah et/ou mourvèdre. Auxquels s'ajoutent les bières de type pale ale.

ROMARIN

PAIN PITA AU ROMARIN

ASTUCE AROMATIQUE

La piste du romarin vous permet d'utiliser ce pain avec les recettes dominées par les ingrédients complémentaires à cette herbe du Midi par excellence : les jeunes pousses de cèdre, les baies de genièvre, le thé Earl Grey, la cardamome, le vinaigre balsamique, le citron, l'eau de rose, le clou de girofle et la lavande, sans oublier les fraises et les ananas.

INGRÉDIENTS

200 g (1 2/3 tasse) de farine blanche non blanchie
4 ml (3/4 c. à thé) de sel
15 ml (1 c. à soupe) de romarin haché
5 ml (1 c. à thé) de levure sèche
250 ml (1 tasse) d'eau
85 ml (1/3 tasse) d'huile d'olive

PRÉPARATION

1. Préchauffer le four à 230 °C (450 °F).
2. Dans un grand bol, mélanger la farine, le sel et le romarin.
3. Faire un creux dans le centre et y verser la levure dissoute dans un peu d'eau tiède. Ajouter l'eau et l'huile.
4. Mélanger à la cuillère de bois pour obtenir une pâte homogène.
5. Sur le plan de travail, déposer la pâte et la tailler en deux pâtons égaux. Couvrir d'une pellicule plastique et laisser reposer 30 minutes.
6. Étaler le premier pâton à la main, pour donner un côté plus rustique, et le déposer sur une plaque de cuisson recouverte d'une feuille de papier sulfurisé. Répéter l'opération avec le deuxième pâton. Laisser reposer 30 minutes.
7. Badigeonner les pains avec de l'huile d'olive et saupoudrer de fleur de sel. Cuire au four environ 15 minutes ou jusqu'à ce que les pains soient dorés.

PISTES HARMONIQUES DES LIQUIDES

Le romarin est la piste par excellence des vins de riesling, ainsi que de ceux de muscat, plus particulièrement les muscats secs. Auxquels s'ajoutent les bières de type india pale ale.

PAIN PITA AUX GRAINES DE CORIANDRE

ASTUCE AROMATIQUE

La piste des graines de coriandre vous permet de déguster ce pain avec les recettes dominées par les ingrédients complémentaires, à commencer par les zestes d'orange. Notez que rose, lavande, citronnelle et cumin sont quelques autres pistes possibles en cuisine pour créer un puissant trio avec le duo orange/graines de coriandre.

INGRÉDIENTS

200 g (1 2/3 tasse) de farine blanche non blanchie
4 ml (3/4 c. à thé) de sel
15 ml (3 c. à thé) de graines de coriandre concassées
5 ml (1 c. à thé) de zestes d'orange
5 ml (1 c. à thé) de levure sèche
250 ml (1 tasse) d'eau
80 ml (1/3 tasse) d'huile d'olive

PRÉPARATION

1. Préchauffer le four à 230 °C (450 °F).
2. Dans un grand bol, mélanger la farine, le sel, la coriandre et les zestes d'orange.
3. Faire un creux dans le centre et y verser la levure dissoute dans un peu d'eau tiède. Ajouter l'eau et l'huile.
4. Mélanger à la cuillère de bois pour obtenir une pâte homogène.
5. Sur le plan de travail, déposer la pâte et la tailler en deux pâtons égaux. Couvrir d'une pellicule plastique et laisser reposer 30 minutes.
6. Étaler le premier pâton à la main, pour donner un côté plus rustique, et le déposer sur une plaque de cuisson recouverte d'une feuille de papier sulfurisé. Répéter l'opération avec le deuxième pâton. Laisser reposer 30 minutes.
7. Badigeonner les pains avec de l'huile d'olive et saupoudrer de fleur de sel. Cuire au four environ 15 minutes ou jusqu'à ce que les pains soient dorés.

PISTES HARMONIQUES DES LIQUIDES

En blanc, optez pour un puissant riesling australien, servi plus frais que froid. Aussi, pensez à une bière blanche, tout comme à un Campari, allongé de jus d'orange ou de soda, en apéritif.

PAIN PITA AU BASILIC

ASTUCE AROMATIQUE

Si vous êtes un habitué des pistes aromatiques façon Papilles, vous savez déjà que le basilic est sur le même mode de parfums que la menthe, l'estragon, l'aneth, le fenouil, l'anis et le cerfeuil, sans oublier les légumes-racines. Autrement dit, tous des ingrédients aux composés volatils plus ou moins anisés, comme le basilic.

INGRÉDIENTS

200 g (1 2/3 tasse) de farine blanche non blanchie
10 feuilles de basilic finement ciselées
5 ml (1 c. à thé) de levure sèche
4 ml (3/4 c. à thé) de sel
250 ml (1 tasse) d'eau
80 ml (1/3 tasse) d'huile d'olive

PRÉPARATION

1. Préchauffer le four à 230 °C (450 °F).
2. Dans un grand bol, mélanger la farine, le sel et le basilic.
3. Faire un creux dans le centre et y verser la levure dissoute dans un peu d'eau tiède. Ajouter l'eau et l'huile.
4. Mélanger à la cuillère de bois pour obtenir une pâte homogène.
5. Sur le plan de travail, déposer la pâte et la tailler en deux pâtons égaux. Couvrir d'une pellicule plastique et laisser reposer 30 minutes.
6. Étaler le premier pâton à la main, pour donner un côté plus rustique, et le déposer sur une plaque de cuisson recouverte d'une feuille de papier sulfurisé. Répéter l'opération avec le deuxième pâton. Laisser reposer 30 minutes.
7. Badigeonner les pains avec de l'huile d'olive et saupoudrer de fleur de sel. Cuire au four environ 15 minutes ou jusqu'à ce que les pains soient dorés.

PISTES HARMONIQUES DES LIQUIDES

La famille des anisés, de laquelle fait partie le basilic, est celle des vins de sauvignon blanc, tout comme de verdejo (un cépage de l'appellation Rueda, en Espagne).

QUESADILLA AU CRABE

ASTUCE AROMATIQUE

Ayant séjourné de nombreuses semaines au Mexique depuis deux ans, je trouvais dommage de passer à côté de cette grande gastronomie, qui, soit dit en passant, est à la source de la gastronomie espagnole. Les quesadillas sont un genre de petits sandwichs mexicains. On les prépare avec des tortillas fraîches, idéalement de maïs, farcies de fromage et de viandes, de poissons ou de fruits de mer. Ici, comme le maïs des tortillas est sur la même piste aromatique que la chair de crabe, le métissage tortillas mexicaines et crabe québécois s'imposait de lui-même !

INGRÉDIENTS

2 grandes tortillas
15 ml (1 c. à soupe) de beurre mou
1 avocat mûr, épluché et émincé en tranches
Fleur de sel

FARCE
100 g (3 ½ oz) de crabe des neiges décortiqué ou chair de crabe
15 ml (1 c. à soupe) de crème sure
Jus et zeste d'un citron vert
1 bouquet de coriandre, haché
1 échalote verte, ciselée finement
30 ml (2 c. à soupe) d'huile d'olive
125 ml (½ tasse) de fromage mozzarella râpé

PRÉPARATION

1. **Farce.** Dans un grand saladier, mélanger le crabe et tous les ingrédients de la farce. Laisser mariner au réfrigérateur une quinzaine de minutes.
2. Mettre la farce de crabe dans une passoire pour retirer le jus, et éviter que la tortilla ne soit détrempée lors de la cuisson.
3. À l'aide d'un pinceau, beurrer une surface de la tortilla et la déposer, du côté beurré, dans une poêle froide. Couvrir avec la farce et les tranches d'avocat. Saler à la fleur de sel.
4. Couvrir de la deuxième tortilla et beurrer la surface au pinceau.
5. Cuire à température moyenne sur le rond jusqu'à ce que la tortilla soit colorée. La tourner et cuire la deuxième surface.
6. Tailler et servir chaud.

PISTES HARMONIQUES DES LIQUIDES

Qui dit crabe et fromage, dit vins riches en saveurs umami, plus particulièrement les blancs de pays chauds, élevés en barriques de chêne et sur lies, comme c'est souvent le cas des chardonnays, ainsi que des blancs du Midi à base de roussanne. S'ajoutent aussi les bières brunes extra-fortes.

POMME DE TERRE

RÖSTIS DE POMMES DE TERRE

ASTUCE AROMATIQUE

Amusez-vous à complexifier ce délectable classique à base de patates en créant une synergie aromatique par l'ajout de crevettes, de pimentón, de paprika, de tomates séchées, de fèves de soja germées, de safran, d'arachides grillées, de sésame grillé… Tous sont sur le mode aromatique de la pomme de terre caramélisée ou rôtie.

INGRÉDIENTS

1 kg (2 ¼ lb) de pommes de terre Yukon Gold, cuites la veille, avec la peau
60 g (4 c. à soupe) de beurre
45 ml (3 c. à soupe) d'huile de canola
Sel

PRÉPARATION

1. Préchauffer le four à 180 °C (350 °F).
2. Éplucher les pommes de terre et les râper (avec le gros côté de la râpe à fromage).
3. Faire chauffer une poêle antiadhésive, et ajouter le tiers du beurre et une cuillérée d'huile.
4. Déposer le tiers des pommes de terre et assaisonner. Presser pour obtenir une galette uniforme. Cuire une dizaine de minutes à feu doux, jusqu'à ce que la galette soit dorée.
5. À l'aide d'une assiette déposer sur la poêle, retourner le rösti.
6. Cuire à feu doux quelques minutes et déposer le rösti au four sur une plaque. Répéter l'opération pour obtenir deux autres röstis.

PISTES HARMONIQUES DES LIQUIDES

Fumé blanc, sauvignon blanc, verdejo (appellation Rueda, Espagne), xérès fino et vins rosés sont tous sur le même mode aromatique que la pomme de terre rôtie ou caramélisée et les ingrédients complémentaires proposés en ajout.

CÈDRE

TAPENADE D'OLIVES VERTES AU FENOUIL

ASTUCE AROMATIQUE

Sur la piste aromatique des olives vertes, on rencontre les graines de fenouil, le basilic et l'huile d'olive, mais aussi la cardamome, le thé vert et l'excellent et très expressif gin Hendrick's. En les rassemblant, la synergie explose littéralement !

INGRÉDIENTS

125 g (1/4 lb) d'olives vertes dénoyautées
3 ml (1/2 c. à thé) de graines de fenouil réduites en poudre
6 belles feuilles de basilic frais
45 ml (3 c. à soupe) d'huile d'olive
15 ml (1 c. à soupe) d'eau

PRÉPARATION

1. Dans la cuve d'un robot culinaire, placer tous les ingrédients sauf l'huile et l'eau, et mélanger jusqu'à l'obtention d'une texture lisse.
2. Verser l'huile en filet et ajouter l'eau pour stabiliser le tout.
3. Réserver dans un contenant hermétique.

Attention : les olives étant conservées en saumure, il est préférable de ne saler la préparation qu'à la fin, si besoin est.

PISTES HARMONIQUES DES LIQUIDES

Verdejo (de l'appellation espagnole Rueda), sauvignon blanc (des quatre coins du monde), fumé blanc du Midi ou de Californie et bière de type india pale ale avant tout. Puis, à l'heure du cocktail, créez-vous-en un avec l'excellent et très expressif gin Hendrick's, de même famille aromatique que l'olive verte. Soit dit en passant, vous pourriez aussi l'allonger d'un thé vert rafraîchi ou d'un jus de bulbe de fenouil et de basilic (à l'extracteur à jus).

PIMENTÓN FUMÉ/TOMATE

TARTARE DE TOMATES AU PIMENTÓN

ASTUCE AROMATIQUE

Cet aromatique tartare, à base de tomate et de pimentón (ou paprika), deux ingrédients sur la même tonalité aromatique, fait sensation en accompagnement d'un simple filet de saumon fumé ou d'une truite saumonée, grillée nature. Mais, sur une tranche de pain grillée, façon bruschetta, verre de vin rosé à la main, là, on parle !

INGRÉDIENTS

1 kg (2 1/4 lb) de tomates italiennes mûres
1 oignon rouge finement haché
30 ml (2 c. à soupe) de vieux vinaigre de vin rouge
60 ml (1/4 tasse) d'huile d'olive extra-vierge
8 ml (1 1/2 c. à thé) de pimentón fumé
Fleur de sel

PRÉPARATION

1. Laver les tomates et enlever le pédoncule. Faire une incision en forme de croix à l'extrémité opposée. Réserver.
2. Dans une grande casserole d'eau bouillante, plonger les tomates 10 secondes et les refroidir dans un bol d'eau glacée. Les peler et réserver.
3. Couper les tomates en deux dans le sens de la longueur et les débarrasser de leurs graines.
4. Tailler la pulpe de tomates en petits dés, la déposer dans un tamis et laisser égoutter.
5. Dans un grand bol, mélanger le reste des ingrédients et y déposer les dés de tomates égouttés. Laisser mariner une heure au réfrigérateur.
6. Égoutter de nouveau pour retirer l'excédent de vinaigrette et servir sur des croûtons de pain grillés en saupoudrant de fleur de sel.

PISTES HARMONIQUES DES LIQUIDES

Vin rosé, vin rosé et vin... rosé. Mais aussi vos fumés blancs et sauvignons blancs préférés.

CREVETTE DE MATANE/PAMPLEMOUSSE ROSE/
PIMENTÓN FUMÉ/TOMATE

TARTARE DE TOMATES AU PIMENTÓN, CREVETTES DE MATANE ET JUS DE PAMPLEMOUSSE ROSE

ASTUCE AROMATIQUE

Même astuce aromatique que pour le précédent tartare, puisque les ingrédients ajoutés sont complémentaires à la tomate et au pimentón.

INGRÉDIENTS

1 kg (2 ¼ lb) de tomates italiennes mûres
125 ml (½ tasse) de crevettes de Matane fraîches, concassées
1 oignon rouge finement haché
60 ml (¼ tasse) de jus de pamplemousse rose
60 ml (¼ tasse) d'huile d'olive extra-vierge
8 ml (1 ½ c. à thé) de pimentón fumé
Fleur de sel

PRÉPARATION

1. Laver les tomates et enlever le pédoncule. Faire une incision en forme de croix à l'extrémité opposée. Réserver.
2. Dans une grande casserole d'eau bouillante, plonger les tomates 10 secondes et les refroidir dans un bol d'eau glacée. Les peler et réserver.

3. Couper les tomates en deux dans le sens de la longueur et les débarrasser de leurs graines.
4. Tailler la pulpe de tomates en petits dés, la déposer dans un tamis et laisser égoutter.
5. Dans un grand bol, mélanger le reste des ingrédients et y déposer les dés de tomates égouttés et les crevettes. Laisser mariner une heure au réfrigérateur.
6. Égoutter de nouveau pour retirer l'excédent de vinaigrette et servir sur des croûtons de pain grillés en saupoudrant de fleur de sel.

PISTES HARMONIQUES DES LIQUIDES

Même astuce aromatique que pour le tartare précédent, donc même piste harmonique pour les liquides.

CITRON/MENTHE/ARTICHAUT

SALADE DE CŒURS D'ARTICHAUTS AU CITRON ET À LA MENTHE

ASTUCE AROMATIQUE

Simple ! Comme nous l'avons fait pour nos deux recettes de flan d'artichauts (voir page 41 et page 42), nous avons utilisé des aliments complémentaires à l'artichaut pour créer ces deux versions de salade, à commencer par la menthe et le citron.

INGRÉDIENTS

1 citron jaune Meyer
60 ml (4 c. à soupe) d'huile d'olive
10 feuilles de menthe, ciselées finement
2 boîtes de conserve de cœurs d'artichauts
Fleur de sel

PRÉPARATION

1. Dans un grand saladier, zester le citron et presser le jus. Verser l'huile d'olive et ajouter la menthe.
2. Dans une passoire, rincer les cœurs d'artichauts à l'eau claire et laisser égoutter.
3. Couper les artichauts en 2 ou en 4 selon leur taille et ajouter à la vinaigrette.
4. Mélanger et saler à la fleur de sel.

PISTES HARMONIQUES DES LIQUIDES

La piste de l'artichaut et de ses ingrédients complémentaires, telle que détaillée dans l'astuce aromatique d'introduction de notre recette de flan d'artichauts (voir page 41), est celle des vins blancs de verdejo (appellation Rueda, Espagne) et des crus de sauvignon blanc, peu importe l'origine, ainsi que des vins de Xérès, de type fino et manzanilla.

ASPERGE/JAMBON/FROMAGE BLEU/CITRON/MENTHE/ARTICHAUT

SALADE DE CŒURS D'ARTICHAUTS AU CITRON, MENTHE, ASPERGES, JAMBON ET FROMAGE BLEU

ASTUCE AROMATIQUE

Le principe aromatique est le même que celui de la précédente version au citron et à la menthe.

INGRÉDIENTS

1 citron jaune Meyer
60 ml (4 c. à soupe) d'huile d'olive
10 feuilles de menthe, finement ciselées
2 boîtes de conserve de cœurs d'artichauts
½ barquette de champignons de Paris, émincés et sautés à la poêle
60 g (2 oz) de fromage bleu (type danois)
3 tranches de jambon prosciutto, taillées en dés
Fleur de sel

PRÉPARATION

1. Dans un grand saladier, zester le citron et presser le jus. Verser l'huile d'olive et ajouter la menthe.
2. Dans une passoire, rincer les cœurs d'artichauts à l'eau claire et laisser égoutter.
3. Tailler les artichauts en 2 ou en 4 selon leur taille et ajouter à la vinaigrette.
4. Ajouter les champignons, le fromage bleu et le jambon.
5. Mélanger et rectifier l'assaisonnement à la fleur de sel.

PISTES HARMONIQUES DES LIQUIDES

Même piste que pour la précédente recette, en ce qui concerne les vins blancs de verdejo (appellation Rueda, Espagne) et les crus de sauvignon blanc, mais avec des vins ayant séjourné en barriques de chêne. Pour les vins de Xérès, choisissez cette fois-ci des crus de type amontillado ou manzanilla passada.

MENTHE FRAÎCHE/CONCOMBRE/CITRON VERT

SALADE DE CONCOMBRE, CRÈME ET MENTHE FRAÎCHE

ASTUCE AROMATIQUE

Difficile d'être plus rafraîchissante que cette salade composée d'ingrédients aux molécules générant une sensation de fraîcheur en bouche. Pour plus d'informations sur les aliments au « goût de froid », lisez le chapitre du même nom dans le livre *Papilles et Molécules* (pages 189-198).

INGRÉDIENTS

1 concombre anglais, tranché en fines rondelles à la mandoline
2 pincées de sel fin
Fleur de sel

VINAIGRETTE
60 ml (¼ tasse) de crème 35 %
5 ml (1 c. à thé) de jus de citron vert

15 ml (1 c. à soupe) d'huile d'olive
45 ml (3 c. à soupe) de menthe fraîche hachée

PRÉPARATION

1. Dans un grand saladier, déposer le concombre, ajouter le sel et laisser dégorger pendant une demi-heure.
2. **Vinaigrette.** Dans un autre saladier, mélanger la crème, le jus de citron, l'huile d'olive et la menthe.
3. Égoutter les rondelles de concombre, les déposer sur un linge propre pour en retirer l'eau de végétation et mettre dans la vinaigrette.
4. Laisser mariner au moins 30 minutes au réfrigérateur.
5. Ajuster l'assaisonnement avec la fleur de sel avant de servir.

VARIATIONS « AU GOÛT DE FROID »

Il est possible de varier les ingrédients de cette recette en utilisant d'autres aliments « au goût de froid » : basilic, carotte jaune, céleri, coriandre fraîche, daïkon, fenouil frais, gingembre, mélisse, persil, pomme verte, poivron vert et racine de persil.

PISTES HARMONIQUES DES LIQUIDES

Optez pour les vins générant aussi cette sensation de fraîcheur en bouche, comme les vins blancs de grüner veltliner (Autriche), de verdejo (Espagne), de riesling (surtout Allemagne dans ce cas-ci) et des sauvignons blancs. Auxquels s'ajoute le thé vert gyokuro, légèrement rafraîchi.

FENOUIL/CÉLERI/CORIANDRE FRAÎCHE/MENTHE/
CITRON VERT/WASABI

SALADE DE FENOUIL

ASTUCE AROMATIQUE

Partant sur la piste des aliments de la famille des anisés, telle que détaillée dans le tome I de *Papilles et Molécules*, mille variations de recettes sont possibles, sinon 10 000 ! En voici quatre autour du très anisé bulbe de fenouil.

INGRÉDIENTS

Jus d'un citron vert
60 ml (4 c. à soupe) d'huile d'olive
1 pointe de wasabi
1 bulbe de fenouil frais, très finement émincé
1 branche de céleri, finement émincée
½ bouquet de coriandre fraîche, haché
15 ml (1 c. à soupe) de gingembre frais râpé
6 feuilles de menthe, finement ciselées
Fleur de sel

PRÉPARATION

1. Dans un saladier, fouetter le jus de citron, l'huile et le wasabi pour faire une vinaigrette.
2. Ajouter les autres ingrédients et remuer pour les enrober complètement.
3. Saler au goût et réfrigérer 1 heure.
4. Déguster.

AUTRES VARIATIONS ANISÉES

Osez jouer les créatifs en ajoutant ou en remplaçant les ingrédients de cette recette par d'autres de même famille, comme le persil, la scarole, l'endive, le cumin, la citronnelle, le shiso, le cerfeuil, la mélisse, la carotte jaune, la betterave jaune, le carvi, l'estragon et la feuille de pissenlit.

PISTES HARMONIQUES DES LIQUIDES

Lorsque vous connaissez la famille des anisés, vous savez que les vins de sauvignon blanc sont au cœur de cette famille. Mais s'y ajoutent aussi les vins hongrois de furmint, les vins espagnols de godello (appellation Valdepeñas) et de verdejo (appellation Rueda), et les italiens de garganega (Soave), de greco di Tufo (Campanie) et de vermentino (Sardaigne et Toscane).

ÉRABLE/VINAIGRE BALSAMIQUE/CURRY

SALADE DE LÉGUMES GRILLÉS

ASTUCE AROMATIQUE

Cette salade de légumes exhale des parfums exquis tant la synergie opère avec la vinaigrette érable/balsamique/curry que nous proposons.

INGRÉDIENTS

2 oignons rouges, épluchés et taillés en rondelles épaisses
3 poivrons rouges, épluchés et épépinés
3 poivrons jaunes, épluchés et épépinés
4 courgettes, coupées en 2 dans le sens de la longueur
1 aubergine moyenne, taillée en 3 dans le sens de la longueur
1 botte d'asperges moyennes, épluchées et débarrassées de la queue
Une douzaine d'échalotes vertes
60 ml (¼ tasse) d'huile d'olive

VINAIGRETTE

125 ml (½ tasse) d'huile d'olive
60 ml (¼ tasse) de vinaigre balsamique
30 ml (2 c. à soupe) de sirop d'érable
5 ml (1 c. à thé) de curry de Madras
Fleur de sel

PRÉPARATION

1. Préchauffer le BBQ et faire griller les légumes légèrement huilés et assaisonnés, pour les colorer, en gardant le côté croquant. Laisser refroidir et réserver.
2. Dans un saladier, mélanger au fouet les ingrédients de la vinaigrette.
3. Tailler les légumes en gros morceaux et les plonger dans la vinaigrette. Remuer doucement et laisser mariner au réfrigérateur pendant 1 heure.
4. Rectifier l'assaisonnement avec la fleur de sel et déguster.

PISTES HARMONIQUES DES LIQUIDES

La piste de ces légumes, avec vinaigrette érable/balsamique/curry, est celle des vins blancs de chardonnay, de pays chauds, et élevés en barriques, tout comme des vins oxydatifs, comme le vin jaune du Jura et le xérès amontillado. Ce qui inclut bien sûr les chardonnays et/ou savagnins du Jura, qui, presque toujours, dégagent des parfums oxydatifs (sans être oxydés). S'ajoutent les bières brunes extra-fortes.

POIVRON/HUILE DE SÉSAME GRILLÉ

SALADE DE POIVRONS GRILLÉS

ASTUCE AROMATIQUE

Les arômes du poivron nous conduisent tout droit vers une multitude d'ingrédients qui, lorsque cuisinés ensemble, engendrent une forte synergie tout en créant une zone de confort où la réussite est pratiquement assurée, même avant de sortir les casseroles ! Ici, la rencontre se fait entre le poivron et l'huile de sésame grillé.

INGRÉDIENTS

2 poivrons rouges
2 poivrons orange
2 poivrons jaunes

VINAIGRETTE
45 ml (3 c. à soupe) d'huile d'olive
15 ml (1 c. à soupe) de vinaigre de xérès
10 ml (2 c. à thé) d'huile de sésame grillé
Fleur de sel

PRÉPARATION

1. Préchauffer le BBQ à intensité élevée.
2. Déposer les poivrons sur la grille et les faire rôtir jusqu'à ce que la peau soit complètement noircie sur toutes les faces.
3. Mettre les poivrons dans un saladier, en le recouvrant d'une pellicule plastique pour garder la vapeur.

4. Une fois les poivrons tièdes, les peler et les vider de leurs graines.
5. Tailler les poivrons en lamelles assez larges et réserver.
6. Dans un saladier, mélanger les ingrédients de la vinaigrette et y déposer les lamelles de poivrons. Assaisonner à la fleur de sel et déguster.

PISTES HARMONIQUES DES LIQUIDES

Comme les poivrons sont ici rouges, oranges et jaunes, avec leurs parfums bien à eux, optez soit pour des vins rosés bordelais, tout comme de merlot du Nouveau Monde, soit pour des vins rouges de merlot, idéalement aussi du Nouveau Monde.

POMME DE TERRE/POIVRON/HUILE DE SÉSAME GRILLÉ

SALADE DE POIVRONS GRILLÉS ET POMMES DE TERRE

ASTUCE AROMATIQUE

Comme vous l'avez remarqué dans d'autres recettes de cette collection en quatre tomes, la pomme de terre est aussi sur la même tonalité aromatique que le poivron.

INGRÉDIENTS

2 poivrons rouges
2 poivrons orange
2 poivrons jaunes
3 pommes de terre Yukon Gold cuites, épluchées et taillées en rondelles épaisses

VINAIGRETTE
45 ml (3 c. à soupe) d'huile d'olive
15 ml (1 c. à soupe) de vinaigre de xérès
10 ml (2 c. à thé) d'huile de sésame grillé
Fleur de sel

PRÉPARATION

1. Préchauffer le BBQ à intensité élevée.
2. Déposer les poivrons sur la grille et les faire rôtir jusqu'à ce que la peau soit complètement noircie sur toutes les faces.
3. Mettre les poivrons dans un saladier, en le recouvrant d'une pellicule plastique pour garder la vapeur.
4. Une fois les poivrons tièdes, les peler et les vider de leurs graines.
5. Tailler les poivrons cuits en lamelles assez larges et réserver.
6. Dans un saladier, mélanger les ingrédients de la vinaigrette et y déposer les lamelles de poivrons et les rondelles de pommes de terre. Assaisonner à la fleur de sel et déguster.

PISTES HARMONIQUES DES LIQUIDES

Ici, avec la présence de la pomme de terre, jouez la carte de la découverte en servant un xérès de type manzanilla. Lequel? Peu importe, vous atteindrez la zone de confort harmonique à coup sûr, et peut-être même le nirvana aromatique!

PETITS POIS/POIVRON/HUILE DE SÉSAME GRILLÉ

SALADE DE POIVRONS GRILLÉS ET PETITS POIS

ASTUCE AROMATIQUE

Difficile d'être plus liés, de façon aromatique, que le poivron et le petit pois!

INGRÉDIENTS

2 poivrons rouges
2 poivrons orange
2 poivrons verts
60 ml (1/4 de tasse) de petits pois, blanchis et refroidis

VINAIGRETTE
45 ml (3 c. à soupe) d'huile d'olive
15 ml (1 c. à soupe) de vinaigre de xérès
10 ml (2 c. à thé) d'huile de sésame grillé
Fleur de sel

PRÉPARATION

1. Préchauffer le BBQ à intensité élevée.
2. Déposer les poivrons sur la grille et les faire rôtir jusqu'à ce que la peau soit complètement noircie sur toutes les faces.
3. Mettre les poivrons dans un saladier, en le recouvrant d'une pellicule plastique pour garder la vapeur.
4. Une fois les poivrons tièdes, les peler et les vider de leurs graines.
5. Tailler les poivrons en lamelles assez larges et réserver.
6. Dans un saladier, mélanger tous les ingrédients. Ajouter les petits pois et les lamelles de poivrons. Assaisonner à la fleur de sel et déguster.

PISTES HARMONIQUES DES LIQUIDES

La rencontre du poivron, spécialement de couleur verte, et des petits pois sera plus grande que nature, si vous l'accompagnez d'un verre de vin de verdejo (appellation Rueda, Espagne) ou de fumé blanc.

SALADE DE POIVRONS GRILLÉS ET CREVETTES

ASTUCE AROMATIQUE

Pour cette quatrième variation autour du poivron, entre en scène la crevette, de même profil que ce dernier, tout comme l'huile de sésame, les petits pois et la pomme de terre des recettes précédentes.

INGRÉDIENTS

450 g (1 lb) de crevettes crues, décortiquées
2 poivrons rouges
2 poivrons orange
2 poivrons jaunes

VINAIGRETTE
45 ml (3 c. à soupe) d'huile d'olive
15 ml (1 c. à soupe) de vinaigre de xérès
10 ml (2 c. à thé) d'huile de sésame grillé
Fleur de sel

PRÉPARATION

1. Préchauffer le BBQ à intensité élevée.
2. Cuire les crevettes pour qu'elles soient bien caramélisées. Réserver.
3. Déposer les poivrons sur la grille et les faire rôtir jusqu'à ce que la peau soit complètement noircie sur toutes les faces.
4. Mettre les poivrons dans un saladier, en le recouvrant d'une pellicule plastique pour garder la vapeur.
5. Une fois les poivrons tièdes, les peler et les vider de leurs graines.
6. Tailler les poivrons en lamelles assez larges et réserver.
7. Dans un saladier, mettre tous les ingrédients de la vinaigrette et y déposer les lamelles de poivrons et les crevettes caramélisées. Assaisonner à la fleur de sel et déguster.

ASTUCE CRÉATIVE

Sachez qu'avec les ingrédients de ces quatre salades de poivrons (voir les 3 recettes précédentes), vous pouvez orchestrer votre salade comme bon vous semble. N'hésitez pas à interchanger des ingrédients de la première recette avec ceux de la deuxième, tout comme de la troisième avec celle-ci ou avec la première !

PISTES HARMONIQUES DES LIQUIDES

Vins rosés et sauvignon blanc au choix. Mais un thé vert sencha rafraîchi est aussi bienvenu.

SALADE DE POMMES DE TERRE RATTES, NOIX ET ANCHOIS

ASTUCE AROMATIQUE

Ici, au duo noix/pomme de terre, tous deux sur le même mode aromatique, nous avons décidé d'ajouter du « oumf » en jouant sur la piste de l'umami avec l'anchois. Ce qui donne en une salade d'une forte personnalité aromatique et « texturale »...

INGRÉDIENTS

600 g (1 1/3 lb) de pommes de terre rattes
3 échalotes grises, hachées finement
15 ml (1 c. à soupe) de beurre salé
2 branches de céleri, taillées en petits dés
Vinaigrette aux anchois et huile de noix (voir recette suivante)
125 ml (1/2 tasse) de cerneaux de noix concassés

PRÉPARATION

1. Dans une casserole d'eau bouillante salée, faire cuire à feu moyen les pommes de terre, avec la peau.
   Attention : ne pas faire bouillir à gros bouillons, car les pommes de terre pourraient éclater et se gorger d'eau.
2. Dans une petite sauteuse, faire suer les échalotes dans le beurre. Réserver.
3. Égoutter les pommes de terre cuites et laisser tiédir.
4. Éplucher les pommes de terre et les tailler en rondelles. Les déposer dans un saladier. Ajouter les échalotes et les dés de céleri. Assaisonner avec la vinaigrette aux anchois (une partie, au goût), mélanger et réserver.
5. Au moment de servir, ajouter les noix et ajouter de la vinaigrette au besoin.

PISTES HARMONIQUES DES LIQUIDES

La piste de la noix et de la pomme de terre est celle des vins boisés de fumé blanc, tout comme des xérès de type fino et amontillado. Et puisqu'il y a aussi en scène l'umami de l'anchois, il faut choisir les cuvées qui ont le plus d'expressivité et d'ampleur.

VINAIGRETTE AUX ANCHOIS ET HUILE DE NOIX

INGRÉDIENTS

5 filets d'anchois à l'huile
15 ml (1 c. à soupe) de moutarde de Dijon
30 ml (2 c. à soupe) de vinaigre de xérès
45 ml (3 c. à soupe) d'huile d'olive

15 ml (1 c. à soupe) d'huile de noix
15 ml (1 c. à soupe) d'eau froide

PRÉPARATION

1. Dans la cuve d'un mélangeur, déposer, les filets d'anchois, la moutarde et le vinaigre.
2. Mixer pour obtenir une pâte lisse et commencer à verser les huiles en filet.
3. Lorsque le mélange est homogène, verser l'eau pour stabiliser la vinaigrette et réserver au réfrigérateur.

PISTES HARMONIQUES DES LIQUIDES

La piste de la noix et de la pomme de terre est celle des vins boisés de fumé blanc, tout comme des xérès de type fino et amontillado. Et puisqu'il y a aussi en scène l'umami de l'anchois, il faut choisir les cuvées qui ont le plus d'expressivité et d'ampleur.

ANETH/CARVI/PERSIL/RADIS

SALADE DE RADIS EN MODE ANISÉ

ASTUCE AROMATIQUE

Partant sur la piste des aliments à goût anisé, nous vous proposons quelques recettes où le radis est à la fois la vedette et le support aromatique. Débutons par notre version au persil, à l'aneth et au carvi.

INGRÉDIENTS

2 bottes de radis ronds
Jus d'un demi-citron jaune
45 ml (3 c. à soupe) d'huile d'olive
5 ml (1 c. à thé) de graines de carvi, concassées finement
¼ de botte de persil italien, hachée
¼ de bouquet d'aneth, haché
Fleur de sel

PRÉPARATION

1. Nettoyer et tailler les radis en rondelles, pas trop fines, pour garder leur croquant. Réserver.
2. Dans un saladier, mettre le jus de citron et émulsionner avec l'huile d'olive.
3. Ajouter les graines de carvi et les herbes hachées. Rectifier l'assaisonnement.
4. Quelques minutes avant de servir, déposer les radis dans le saladier et les enrober de vinaigrette.

PISTES HARMONIQUES DES LIQUIDES

Vous savez probablement, si vous suivez les recherches de *Papilles et Molécules*, que l'univers des aliments à goût anisé est aussi celui des vins blancs de sauvignon blanc, ce qui inclut les cépages complémentaires à ce dernier, comme le fumé blanc, le verdejo, le grüner veltliner, le greco di Tufo, le cortese di Gavi et le vermentino. À quoi s'ajoute le thé vert sencha, qui peut aussi être servi frais, sans glaçons, après un séjour de 20 minutes au congélateur !

CORIANDRE FRAÎCHE/RADIS

SALADE DE RADIS À LA CORIANDRE FRAÎCHE

ASTUCE AROMATIQUE

La coriandre, on aime passionnément ou l'on déteste tout aussi passionnément. Pas de zone grise avec cette herbe aromatique qui fait aussi partie de la famille des anisés, comme l'aneth, le carvi et le persil de la recette précédente.

INGRÉDIENTS

2 bottes de radis ronds
Jus d'un demi-citron jaune
45 ml (3 c. à soupe) d'huile d'olive
1 bouquet de coriandre hachée
Fleur de sel

PRÉPARATION

1. Nettoyer et tailler les radis en rondelles, pas trop fines, pour garder leur croquant. Réserver.
2. Dans un saladier, mettre le jus de citron et émulsionner avec l'huile d'olive.
3. Ajouter la coriandre. Rectifier l'assaisonnement.
4. Quelques minutes avant de servir, déposer les radis dans le saladier et les enrober de vinaigrette.

PISTES HARMONIQUES DES LIQUIDES

Mêmes choix liquides que pour la recette précédente, auxquels vous pouvez ajouter les vins de riesling, ces derniers résonnant particulièrement bien avec la coriandre fraîche – mais pas avec les graines de coriandre, soit dit en passant !

GRAINES DE CORIANDRE/ROQUETTE/RADIS

SALADE DE RADIS, GRAINES DE CORIANDRE ET ROQUETTE

ASTUCE AROMATIQUE

Ici, au lieu de piger uniquement dans les aliments de la famille des anisés, comme nous l'avons fait dans les deux précédentes recettes, nous avons analysé le profil aromatique du radis et choisi la roquette et la coriandre fraîche, qui sont au nombre de ses aliments complémentaires. Girofle, citronnelle, origan, romarin, citron, gingembre, persil, carvi, aneth, mélisse, pamplemousse, pomme verte, raifort, wasabi, chou-fleur, arachide crue, cresson et ail sont aussi du nombre. À vous de choisir et de créer vos propres versions de salade de radis !

INGRÉDIENTS

2 bottes de radis ronds
60 ml (¼ tasse) de jus de pamplemousse rose
45 ml (3 c. à soupe) d'huile d'olive
10 ml (2 c. à thé) de graines de coriandre concassées
Roquette en quantité suffisante
Fleur de sel

PRÉPARATION

1. Nettoyer et tailler les radis en rondelles, pas trop fines, pour garder leur croquant. Réserver.
2. Dans un saladier, mettre le jus de pamplemousse et émulsionner avec l'huile d'olive.
3. Ajouter les graines de coriandre. Rectifier l'assaisonnement.
4. Quelques minutes avant de servir, déposer les radis dans le saladier et les enrober de vinaigrette. Ajouter la roquette et mélanger.

PISTES HARMONIQUES DES LIQUIDES

Un Campari, allongé de jus d'orange ou de soda, ou encore une bière de type india pale ale résonneront sur la même fréquence que les graines de coriandre, la roquette et les radis.

PAMPLEMOUSSE ROSE/POMME VERTE

SALADE DE RADIS, PAMPLEMOUSSE ROSE ET POMME VERTE

ASTUCE AROMATIQUE

Un autre exemple de création possible autour du radis et de ses aliments complémentaires, comme les graines de coriandre et la roquette de la précédente recette, ainsi que le pamplemousse rose et la pomme verte de celle-ci.

INGRÉDIENTS

2 bottes de radis ronds
1 pamplemousse rose, taillé en suprêmes
Jus d'un demi-citron jaune
1 pomme verte Granny Smith, taillée en julienne
45 ml (3 c. à soupe) d'huile d'olive
Fleur de sel

PRÉPARATION

1. Nettoyer et tailler les radis en rondelles, pas trop fines, pour garder leur croquant. Réserver.
2. Dans un saladier, mettre le jus de citron et émulsionner avec l'huile d'olive.
3. Ajouter la pomme et les suprêmes de pamplemousse. Rectifier l'assaisonnement.
4. Quelques minutes avant de servir, déposer les radis dans le saladier et les enrober de vinaigrette.

PISTES HARMONIQUES DES LIQUIDES

Ici, comme la note est donnée par le pamplemousse rose et la pomme verte, les pistes suggérées pour la salade de radis en mode anisé (voir page 72) sont indiquées.

SÉSAME GRILLÉ/PAMPLEMOUSSE ROSE/AMANDE GRILLÉE/
FÈVE DE SOYA GERMÉE/SAUMON FUMÉ

SALADE DE SAUMON FUMÉ, FÈVES DE SOYA GERMÉES, AMANDES GRILLÉES ET VINAIGRETTE DE PAMPLEMOUSSE ROSE À L'HUILE DE SÉSAME GRILLÉ

ASTUCE AROMATIQUE

Partant de notre recette de pâtes au saumon fumé (voir page 98), je me suis dit qu'il serait pas mal de faire la même chose avec des fèves de soya germées à la place des pâtes. Pourquoi diable ? Parce que le soya est sur la même piste aromatique que le saumon, ainsi que les autres ingrédients de cette recette. Tout est dans tous !

INGRÉDIENTS

450 g (1 lb) de saumon fumé, taillé en dés
125 g (5 oz) de tomates cerises, coupées en 2
5 ml (1 c. à thé) d'huile de sésame grillé
15 ml (1 c. à soupe) de pimentón fumé
200 g (7 oz) de fèves de soya germées

125 ml (½ tasse) d'amandes grillées, concassées
Sel
Vinaigrette de pamplemousse rose (voir recette suivante)

PRÉPARATION

1. Dans un saladier, déposer tous les ingrédients et assaisonner avec la vinaigrette de pamplemousse rose. Rectifier l'assaisonnement et déguster.

PISTES HARMONIQUES DES LIQUIDES

Fumé blanc, sauvignon blanc et verdejo (appellation Rueda, Espagne), tous ayant idéalement été élevés en barriques de chêne, ainsi que les vins rosés et les xérès de type fino.

VINAIGRETTE AU JUS DE PAMPLEMOUSSE ROSE ET HUILE DE SÉSAME

INGRÉDIENTS

60 ml (¼ tasse) de jus de pamplemousse rose, fraîchement pressé
Sel
125 ml (½ tasse) d'huile d'olive
15 ml (1 c. à soupe) d'huile de sésame
15 ml (1 c. à soupe) d'eau froide

PRÉPARATION

1. Dans un robot culinaire, mélanger le jus de pamplemousse et le sel. Mélanger jusqu'à ce que le sel se dissolve.
2. Verser l'huile d'olive en filet jusqu'à ce que la préparation soit entièrement émulsionnée. Verser ensuite l'huile de sésame en filet.
3. Ajouter l'eau et émulsionner encore quelques secondes.

ASPERGE BLANCHE/CREVETTE DE MATANE/XÉRÈS FINO

LAIT D'ASPERGES BLANCHES AUX CREVETTES ET XÉRÈS FINO

ASTUCE AROMATIQUE

Difficile de trouver trois ingrédients avec autant de synergie aromatique entre eux. C'est que ces trois-là possèdent dans leur structure des composés volatils servant d'exhausteur de goût dans l'industrie alimentaire. Une fois réunis, le résultat est plus grand que la somme des parties.

INGRÉDIENTS

1 oignon jaune moyen, finement haché
15 ml (1 c. à soupe) de beurre salé
450 g (1 lb) d'asperges blanches, lavées et épluchées
60 ml (1/4 tasse) de crevettes de Matane (nordiques)
60 ml (1/4 tasse) de xérès fino
250 ml (1 tasse) de lait 3,25 %
250 ml (1 tasse) de crème 35 % à cuisson
Sel

PRÉPARATION

1. Dans une grande casserole à fond épais, faire suer l'oignon haché dans le beurre. Ajouter les asperges taillées en gros tronçons et les crevettes.
2. Déglacer avec le xérès et réduire de moitié. Verser le lait et la crème, et cuire jusqu'à ce que les asperges soient tendres.
3. Dans un robot culinaire, mélanger jusqu'à l'obtention d'une texture lisse.
4. Passer au tamis fin.
5. Rectifier l'assaisonnement en sel et mettre au réfrigérateur pendant au moins 2 heures.
6. Au moment de servir, rectifier l'assaisonnement.

PISTES HARMONIQUES DES LIQUIDES

Pour couronner le tout, accompagnez ce lait d'asperges d'un verre de xérès fino ou amontillado ! Et si vous avez le bonheur d'avoir en cave des vins blancs de quelques années de bouteille, ayant développé un léger profil oxydatif ménagé, vos invités seront comblés (autant que vous !).

CANNELLE/PATATE DOUCE

LAIT DE PATATES DOUCES À LA CANNELLE

ASTUCE AROMATIQUE

Cannelle et muscade sont intimement liées au profil aromatique de la patate douce, tout comme de la courge Butternut. Voici deux versions, tout dépendant si vous êtes plus cannelle ou plus muscade – ou les deux, pourquoi pas !

INGRÉDIENTS

2 échalotes grises, hachées finement
15 ml (1 c. à soupe) de beurre salé
450 g (1 lb) de patates douces, épluchées et taillées en cubes
1 litre (4 tasses) de lait
1 litre (4 tasses) de bouillon de volaille clair
5 ml (1 c. à thé) de cannelle moulue
Sel

PRÉPARATION

1. Dans une grande casserole à fond épais, faire suer les échalotes dans le beurre.
2. Ajouter les cubes de patates douces, le lait et le bouillon de volaille. Remuer, couvrir et cuire à feu doux de 25 à 30 minutes.
3. Dans la cuve d'un robot culinaire, déposer les patates douces, le bouillon et la cannelle, et mélanger pour obtenir une texture lisse.
4. Passer au tamis fin.
5. Rectifier l'assaisonnement en sel et mettre au réfrigérateur.
6. Servir froid, après avoir vérifié l'assaisonnement.

PISTES HARMONIQUES DES LIQUIDES

La piste de la cannelle et de la patate douce est celle des vins de pinot gris, plus particulièrement ceux d'Alsace – notez que le pinot grigio d'Italie n'a pas exactement la même structure aromatique que le pinot gris alsacien. Les bières de type pale ale, qu'elles soient brunes ou rousses, sont aussi de mise.

MUSCADE/PATATE DOUCE

LAIT DE PATATES DOUCES À LA MUSCADE

ASTUCE AROMATIQUE

Cannelle et muscade sont intimement liées au profil aromatique de la patate douce, tout comme la courge Butternut. Voici donc deux versions qui plairont à la fois aux amateurs de cannelle et aux amateurs de cannelle. Je sais, je me répète... C'est voulu !

INGRÉDIENTS

2 échalotes grises, hachées finement
15 ml (1 c. à soupe) de beurre salé
450 g (1 lb) de patates douces, épluchées et taillées en cubes
1 litre (4 tasses) de lait
1 litre (4 tasses) de bouillon de volaille clair
1 ml (1/4 c. à thé) de muscade fraîchement râpée
Sel

PRÉPARATION

1. Dans une grande casserole à fond épais, faire suer les échalotes dans le beurre.
2. Ajouter les cubes de patates douces, le lait et le bouillon de volaille. Remuer, couvrir et cuire à feu doux de 25 à 30 minutes.
3. Dans la cuve d'un robot culinaire, déposer les patates douces, le bouillon et la muscade, et mélanger pour obtenir une texture lisse.
4. Passer au tamis fin.
5. Rectifier l'assaisonnement en sel et mettre au réfrigérateur.
6. Servir froid, après avoir vérifié l'assaisonnement.

PISTES HARMONIQUES DES LIQUIDES

La piste de la cannelle et de la patate douce est celle des vins de pinot gris... Vous saurez quel liquide choisir en lisant la piste harmonique de la recette précédente!

CONCOMBRE/POIVRON VERT/PETIT POIS/POMME DE TERRE JAUNE

LAIT DE POMMES DE TERRE, GARNITURE VERTE

ASTUCE AROMATIQUE

Contrairement à la patate douce, qui est sur une autre piste aromatique (voir nos deux recettes de lait de patates douces à la cannelle, page 78, et à la muscade, page 78), la pomme de terre blanche et la jaune sont sur la piste des aliments « verts ». C'est-à-dire sur la même tonalité que le poivron vert, le petit pois et le concombre. D'où l'idée d'accompagner ce lait d'une garniture verte, qui jouera le rôle d'exhausteur de parfums.

INGRÉDIENTS

2 échalotes grises, hachées finement
15 ml (1 c. à soupe) de beurre salé
450 g (1 lb) de pommes de terre à chair jaune, épluchées et taillées en cubes
1 litre (4 tasses) de lait
1 litre (4 tasses) de bouillon de volaille clair
Sel

GARNITURE VERTE
½ concombre anglais, taillé en petits dés
½ poivron vert, taillé en petits dés
60 ml (¼ tasse) de petits pois, blanchis et refroidis
30 ml (2 c. à soupe) d'huile d'olive
Fleur de sel

PRÉPARATION

1. Dans une grande casserole à fond épais, faire suer les échalotes dans le beurre.
2. Ajouter les cubes de pommes de terre, le lait et le bouillon de volaille. Remuer, couvrir et cuire à feu doux de 25 à 30 minutes.
3. Dans la cuve d'un robot culinaire, déposer les pommes de terre, le bouillon, et mélanger pour obtenir une texture lisse.
4. Passer au tamis fin.
5. Rectifier l'assaisonnement en sel et mettre au réfrigérateur.
6. **Garniture verte.** Dans un bol, mélanger le concombre, le poivron et les petits pois. Verser l'huile et assaisonner à la fleur de sel. Réserver au réfrigérateur.
7. Servir froid, après avoir vérifié l'assaisonnement. Déposer une cuillère de garniture verte sur chaque verre ou assiette.

PISTES HARMONIQUES DES LIQUIDES

Qui dit concombre, pois vert et poivron vert dit aussi sauvignon blanc, fumé blanc et verdejo (appellation Rueda, Espagne). Vous voulez boire rouge ? Qu'à cela ne tienne ! Servez un rouge de cabernet franc, parmi les plus légers en tanins, les plus jeunes et les plus sur le fruit. Vos invités tomberont sous le charme. Sinon, optez pour un xérès fino. Là, ils seront décoiffés ... vos invités !

ANIS ÉTOILÉ/TOPINAMBOUR

LAIT DE TOPINAMBOUR À L'ANIS ÉTOILÉ

ASTUCE AROMATIQUE

Dans notre série de variations sur le thème des laits d'été, en voici un au topinambour, parfumé par l'anis étoilé. Pourquoi ? Tout simplement parce que tous deux partagent des tonalités anisées, qui, une fois réunies, créent une forte synergie aromatique au niveau de nos récepteurs olfactifs. Autrement dit : ça explose dans votre nez et dans votre bouche !

INGRÉDIENTS

3 échalotes grises, hachées finement
15 ml (1 c. à soupe) de beurre salé
450 g (1 lb) de topinambours, épluchés et taillés en cubes
1 anis étoilé
1 litre (4 tasses) de lait

1 litre (4 tasses) de bouillon de volaille clair
Sel

PRÉPARATION

1. Dans une grande casserole à fond épais, faire suer les échalotes dans le beurre.
2. Ajouter les topinambours, l'anis étoilé, le lait et le bouillon de volaille. Remuer, couvrir et cuire à feu doux de 25 à 30 minutes.
3. Dans un robot culinaire, mélanger les topinambours et le bouillon jusqu'à l'obtention d'une texture lisse.
4. Passer au tamis fin.
5. Rectifier l'assaisonnement en sel et mettre au réfrigérateur.
6. Au moment de servir, rectifier l'assaisonnement.

PISTES HARMONIQUES DES LIQUIDES

Qui dit profil anisé – c'est la signature du topinambour comme de l'anis étoilé – dit aussi syrah et sauvignon blanc. À vous de choisir : rouge ou blanc ? À moins de dénicher un rosé 100 % syrah.

CERFEUIL/POIVRON VERT

SOUPE AU « LAIT DE LENTILLES » AU CERFEUIL

ASTUCE AROMATIQUE

Pour vos amis un peu « soupe au lait »... servez-leur ce plus qu'aromatique, rafraîchissant et nourrissant lait de lentilles parfumé au cerfeuil. Notez que vous pourriez remplacer le cerfeuil par de la menthe fraîche.

INGRÉDIENTS

1 carotte moyenne, épluchée et taillée en dés
1 oignon jaune, moyen haché finement
1 blanc de poireau, ciselé
½ poivron vert, haché finement
30 ml (2 c. à soupe) d'huile d'olive
200 g (7 oz) de lentilles
125 ml (½ tasse) de vin blanc (type sauvignon)
1 litre (4 tasses) de bouillon de volaille clair
125 ml (½ tasse) de crème 35 %
½ bouquet de cerfeuil, frais haché grossièrement
Sel

PRÉPARATION

1. Dans une grande casserole, faire suer les légumes dans l'huile. Ajouter les lentilles, le vin blanc et le bouillon.
2. Couvrir et laisser mijoter pendant 35 minutes en remuant souvent pour que le mélange n'accroche pas et ne prenne un goût de brûlé.
3. Hors du feu, déposer le cerfeuil et laisser infuser pendant une dizaine de minutes, puis ajouter la crème.
4. Dans la cuve d'un robot culinaire, mélanger le tout pour obtenir une texture lisse. Passer au tamis fin et rectifier l'assaisonnement en sel.
5. Mettre au réfrigérateur pendant au moins 2 heures. Servir froid.

PISTES HARMONIQUES DES LIQUIDES

« Soupe au lait » ou pas, servez aussi à vos amis un verre de vin rouge, à base de cabernet franc, légèrement frais, ils seront littéralement bluffés par cet accord qui semble tellement incongru, mais pourtant tellement dans le mille – c'est que les lentilles, le poivron et le cerfeuil sont sur la même piste aromatique que les vins de cabernet franc.

CONCOMBRE/CORIANDRE FRAÎCHE/CITRON VERT

SOUPE FROIDE DE CONCOMBRE À LA CORIANDRE

ASTUCE AROMATIQUE

De par son profil aromatique qui signe son identité, le concombre résonne avec de multiples autres ingrédients partageant ses composés volatils, comme la coriandre fraîche, le poivron vert, le gingembre et la cardamome des quatre variations qui suivent. Notez que vous pourriez aussi faire vos propres versions avec de l'eau de rose ou du gin Hendrick's.

INGRÉDIENTS

3 concombres anglais, pelés, coupés en dés
1 tasse de lait 3,25 %
45 ml (3 c. à soupe) d'huile d'olive
½ bouquet de coriandre, haché
Jus d'un citron vert
125 ml (½ tasse) de crème sure
Sel

PRÉPARATION

1. Dans le bol d'un robot culinaire, mélanger tous les ingrédients jusqu'à l'obtention d'une texture lisse.
2. Passer le mélange au tamis fin et assaisonner. Réserver au réfrigérateur.
3. Servir la soupe froide dans des verres.

PISTES HARMONIQUES DES LIQUIDES

En lisant l'astuce aromatique qui ouvre cette recette, vous avez compris que le concombre est sur la même tonalité aromatique que le gin Hendrick's. Donc, n'hésitez pas à le servir avec cette soupe froide, nature ou en cocktail. Nous vous en proposons deux d'ailleurs dans le tome *Hiver* de cette collection, inspirés par un gaspacho concombre/gin Hendrick's et concombre/eau de rose/gin Hendrick's (pages 26-27). Enfin, notez que la présence de coriandre fraîche et de citron vert permet aussi le service d'un riesling.

CONCOMBRE/POIVRON VERT/CORIANDRE FRAÎCHE/CITRON VERT

SOUPE FROIDE DE CONCOMBRE ET POIVRONS VERTS À LA CORIANDRE

ASTUCE AROMATIQUE

Comme je l'explique dans l'astuce aromatique de la précédente recette, le poivron vert est aromatiquement lié aux parfums du concombre.

INGRÉDIENTS

2 concombres anglais, pelés, coupés en dés
2 poivrons verts
250 ml (1 tasse) de lait 3,25 %
45 ml (3 c. à soupe) d'huile d'olive
½ bouquet de coriandre hachée
Jus d'un citron vert
125 ml (½ tasse) de crème sure
Sel

PRÉPARATION

1. Dans le bol d'un robot culinaire, mélanger tous les ingrédients jusqu'à l'obtention d'une texture lisse.
2. Passer le mélange au tamis fin et assaisonner. Réserver au réfrigérateur.
3. Servir la soupe froide dans des verres.

PISTES HARMONIQUES DES LIQUIDES

Gin Hendrick's, nature ou en cocktail, comme dans la précédente recette, mais aussi sauvignon blanc, qui résonne fortement avec le poivron vert, tout comme avec le concombre.

CONCOMBRE/GINGEMBRE FRAIS/CITRON VERT

SOUPE FROIDE DE CONCOMBRE AU GINGEMBRE

ASTUCE AROMATIQUE

Le gingembre en vedette apporte ici un zeste de fraîcheur asiatique à cette variation sur le thème du gingembre.

INGRÉDIENTS

3 concombres anglais, pelés, coupés en dés
250 ml (1 tasse) de lait 3,25 %
45 ml (3 c. à soupe) d'huile d'olive
30 ml (2 c. à soupe) de gingembre frais râpé
Jus d'un citron vert
125 ml (½ tasse) de crème sure
Sel

PRÉPARATION

1. Dans le bol d'un robot culinaire, mélanger tous les ingrédients jusqu'à l'obtention d'une texture lisse.
2. Passer le mélange au tamis fin et assaisonner. Réserver au réfrigérateur.
3. Servir la soupe froide dans des verres.

PISTES HARMONIQUES DES LIQUIDES

Même choix que pour les précédentes recettes, mais si vous avez la main forte sur le gingembre, disons plus que le client en demande, optez alors pour un gewurztraminer.

CONCOMBRE/CARDAMOME/EAU DE ROSE/CITRON VERT

SOUPE FROIDE DE CONCOMBRE À LA CARDAMOME ET À L'EAU DE ROSE

ASTUCE AROMATIQUE

La présence de la cardamome et de l'eau de rose ennoblit le concombre !

INGRÉDIENTS

3 concombres anglais, pelés, coupés en dés
250 ml (1 tasse) de lait 3,25 %
45 ml (3 c. à soupe) d'huile d'olive
5 ml (1 c. à thé) de cardamome verte réduite en poudre
15 ml (1 c. à soupe) d'eau de rose
Jus d'un citron vert

125 ml (½ tasse) de crème sure
Sel

PRÉPARATION

1. Dans le bol d'un robot culinaire, mélanger tous les ingrédients jusqu'à l'obtention d'une texture lisse.
2. Passer le mélange au tamis fin et assaisonner. Réserver au réfrigérateur.
3. Servir la soupe froide dans des verres.

PISTES HARMONIQUES DES LIQUIDES

En lisant l'astuce aromatique de la première recette de cette série de quatre soupes de concombre, vous avez compris que le concombre est sur la même tonalité aromatique que le gin Hendrick's. N'hésitez pas à le servir avec cette soupe froide, nature ou en cocktail. Enfin, notez que la présence de la cardamome et du citron vert permet aussi le service d'un riesling.

FENOUIL/GINGEMBRE FRAIS/WASABI

SOUPE FROIDE DE FENOUIL, GINGEMBRE ET WASABI

ASTUCE AROMATIQUE

Partant du fenouil, comme nous l'avons fait pour la salade du même nom (voir page 65), mille pistes aromatiques s'ouvrent au cuisinier qui utilisera les aliments de la famille des anisés et des composés à goût de froid, comme c'est le cas du fenouil, du wasabi et du gingembre.

INGRÉDIENTS

2 bulbes de fenouil frais, émincés finement
45 ml (3 c. à soupe) d'huile d'olive
250 ml (1 tasse) de crème 35 %
30 ml (2 c. à soupe) de gingembre frais râpé
Jus d'un citron vert
1 ml (¼ c. à thé) de wasabi

PRÉPARATION

1. Dans une grande casserole, faire suer le fenouil dans l'huile d'olive.
2. Couvrir d'eau à hauteur et cuire quelques minutes.
3. Dans un robot culinaire, mélanger le fenouil avec son jus de cuisson, la crème, le gingembre, le jus de citron vert et le wasabi jusqu'à l'obtention d'une texture lisse.
4. Passer le mélange au tamis fin et assaisonner. Réserver au réfrigérateur.
5. Servir la soupe froide dans des verres.

PISTES HARMONIQUES DES LIQUIDES

Les anisés sont sur la même piste que les vins blancs espagnols de godello (appellation Valdepenas) et de verdejo (appellation Rueda), tout comme des vins blancs italiens de gortese (appellation Gavi), et greco di Tufo (de Campanie), sans oublier ceux de garganega (Soave).

FENOUIL/WASABI/MENTHE/CITRON VERT

SOUPE FROIDE DE FENOUIL, MENTHE, CITRON VERT ET WASABI

ASTUCE AROMATIQUE

En plus du fenouil et du wasabi de la précédente recette, nous avons ajouté de la menthe et du citron vert afin d'augmenter la synergie aromatique et ainsi conduire vos récepteurs olfactifs au nirvana gustatif !

INGRÉDIENTS

2 bulbes de fenouil frais, émincés finement
45 ml (3 c. à soupe) d'huile d'olive
250 ml (1 tasse) de crème 35 %
10 feuilles de menthe, hachées finement
Jus d'un citron vert
1 ml (¼ c. à thé) de wasabi (ou plus au goût)

PRÉPARATION

1. Dans une grande casserole, faire suer le fenouil dans l'huile d'olive.
2. Couvrir d'eau à hauteur et cuire quelques minutes.
3. Dans un robot culinaire, mélanger le fenouil avec son jus de cuisson, la crème, la menthe, le jus de citron vert et le wasabi jusqu'à l'obtention d'une texture lisse.
4. Passer le mélange au tamis fin et assaisonner. Réserver au réfrigérateur.
5. Servir la soupe froide dans des verres.

PISTES HARMONIQUES DES LIQUIDES

Les mêmes propositions de vins au profil anisé que pour la précédente recette, avec en plus, et surtout, ceux de sauvignon blanc, peu importe leur origine géographique.

FENOUIL/WASABI/BASILIC/CITRON VERT

SOUPE FROIDE DE FENOUIL, BASILIC, CITRON VERT ET WASABI

ASTUCE AROMATIQUE

Au tour du basilic de s'inviter à ce party anisé amorcé par les deux précédentes recettes !

INGRÉDIENTS

2 bulbes de fenouil frais, émincés finement
45 ml (3 c. à soupe) d'huile d'olive
Jus d'un citron vert
250 ml (1 tasse) de crème 35 %
125 ml (½ tasse) de feuilles de basilic frais
1 ml (¼ c. à thé) de wasabi (ou plus au goût)

PRÉPARATION

1. Dans une grande casserole, faire suer le fenouil dans l'huile d'olive.
2. Couvrir d'eau à hauteur et cuire pendant quelques minutes.
3. Dans un robot culinaire, mélanger le fenouil avec son jus de cuisson, la crème, le basilic, le citron et le wasabi jusqu'à l'obtention d'une texture lisse.
4. Passer le mélange au tamis fin et assaisonner. Réserver au réfrigérateur.
5. Servir la soupe froide dans des verres.

PISTES HARMONIQUES DES LIQUIDES

Tout ce qui a été nommé en matière de vins dans les deux précédentes recettes, avec en prime un thé vert sencha rafraîchi.

FENOUIL/WASABI/CÉLERI/PERSIL/CITRON VERT

SOUPE FROIDE DE FENOUIL, CÉLERI, PERSIL, CITRON VERT ET WASABI

ASTUCE AROMATIQUE

Rien de mieux pour ennoblir le céleri et le persil que de les cuisiner en présence d'autres aliments à goût anisé, ce qui crée une forte synergie, qui créé un gène de saveur plus grand que la somme des parties.

INGRÉDIENTS

2 bulbes de fenouil frais, émincés finement
2 branches de céleri, hachées
45 ml (3 c. à soupe) d'huile d'olive

Jus d'un citron vert
250 ml (1 tasse) de crème 35 %
60 ml (¼ tasse) de persil plat haché
1 ml (¼ c. à thé) de wasabi (ou plus au goût)

PRÉPARATION

1. Dans une grande casserole, faire suer le fenouil et le céleri dans l'huile d'olive.
2. Couvrir d'eau à hauteur et cuire quelques minutes.
3. Dans un robot culinaire, mélanger le fenouil avec son jus, la crème, le persil, le jus de citron vert et le wasabi jusqu'à l'obtention d'une texture lisse.
4. Passer le mélange au tamis fin et assaisonner. Réserver au réfrigérateur.
5. Servir la soupe froide dans des verres.

PISTES HARMONIQUES DES LIQUIDES

Du sauvignon blanc avant tout, avec aussi du fumé blanc, du verdejo (appellation Rueda, Espagne) et du grüner veltliner (Autriche).

BASILIC/TOMATE/HUILE D'OLIVE

SOUPE FROIDE DE TOMATE ET BASILIC

ASTUCE AROMATIQUE

Tomate/basilic/huile d'olive forment un trio à forte synergie aromatique. Ça, les Italiens l'ont compris depuis longtemps! Et la science nous le confirme.

INGRÉDIENTS

6 tomates bien mûres, taillées en dés
1 gousse d'ail, dégermée
10 feuilles de basilic
60 ml (¼ tasse) d'huile d'olive
5 ml (1 c. à thé) de vinaigre de xérès
Sel

PRÉPARATION

1. Dans un robot culinaire, mélanger tous les ingrédients jusqu'à l'obtention d'une texture lisse.
2. Passer le mélange au tamis fin et réserver au réfrigérateur.
3. Servir la soupe froide dans des verres.

VARIATIONS SUR LE THÈME DE LA TOMATE

En demeurant sur la piste aromatique de la tomate, plusieurs variations sont possibles en ajoutant : dés de pommes de terre sautées et paprika; huile de sésame grillé et arachides grillées à sec; crevettes grillées et safran ou paprika.

PISTES HARMONIQUES DES LIQUIDES

Tomate et basilic sont le royaume des vins blancs de sauvignon blanc, tout comme de verdejo (appellation Rueda, Espagne) et de fumé blanc. Et si vous y allez pour les propositions de variations avec le paprika ou les crevettes, optez pour votre rosé favori.

MENTHE/CUMIN/CÉLERI/BETTERAVE JAUNE

VELOUTÉ FROID DE BETTERAVES JAUNES À LA MENTHE ET CUMIN

ASTUCE AROMATIQUE

La betterave jaune est sur la piste des aliments à goût anisé, exactement comme la menthe, le cumin et le céleri de ce velouté « velouté ». Partant de là, vous avez compris qu'il est possible de remplacer la menthe par du basilic, du fenouil, du cerfeuil, de l'estragon ou du shiso – tous des aliments de la famille des anisés.

INGRÉDIENTS

15 ml (1 c. à soupe) d'huile d'olive
15 ml (1 c. à soupe) de beurre salé
1 oignon blanc, moyen, haché
1 branche de céleri, émincée
450 g (1 lb) de betteraves jaunes, épluchées et taillées en cubes
250 ml (1 tasse) de lait 3,25 %
1 litre (4 tasses) de bouillon de volaille clair
5 ml (1 c. à thé) de cumin
10 grosses feuilles de menthe
Sel

PRÉPARATION

1. Faire suer, dans l'huile et le beurre, l'oignon et le céleri.
2. Ajouter les betteraves, le lait et le bouillon de volaille et porter à ébullition. Cuire à feu doux de 25 à 30 minutes.
3. Vérifier la cuisson en plantant un couteau dans les betteraves. Ajouter les graines de cumin.
4. Dans robot culinaire, mélanger la préparation jusqu'à l'obtention d'une texture lisse. Passer au tamis fin et rectifier l'assaisonnement.
5. Déposer le velouté au réfrigérateur jusqu'à complet refroidissement.
6. Sortir et vérifier l'assaisonnement. Si la texture n'est pas assez fluide, rajouter un peu de lait. Servir dans des verres froids.
7. Ciseler très finement la menthe et parsemer sur les verres.

PISTES HARMONIQUES DES LIQUIDES

Les cépages blancs engendrant des vins au profil anisé sont : furmint (de Tokaji, Hongrie), vermentino (de Sardaigne et de Toscane), verdejo (de Rueda, Espagne), romorantin (de la Loire), grüner veltliner (d'Autriche), greco di tufo et garganega (d'Italie) et godello (de Valdepeñas, Espagne).

ÉRABLE/SAUCE SOYA/HUILE DE SÉSAME GRILLÉ/
MISO/GINGEMBRE/TABASCO FUMÉ

BROCHETTES DE TOFU MARINÉES

ASTUCE AROMATIQUE

Comme pour nos recettes de trempette de tofu (voir pages 92-96), ce qu'il y a de bon avec cet aliment, mises à part ses grandes qualités nutritionnelles, c'est qu'il est possible de lui donner la saveur que l'on désire. Autrement dit, c'est une recette de base sur mesure pour s'amuser avec les pistes aromatiques de Papilles. Ici, nous avons pris le chemin des ingrédients partageant le même profil aromatique que notre très québécois sirop d'érable, de même que la sauce soya, le miso, l'huile de sésame grillé, le gingembre et le tabasco fumé.

INGRÉDIENTS

MARINADE

60 ml (¼ tasse) de vinaigre balsamique
60 ml (¼ tasse) de sauce soya
60 ml (¼ tasse) de sirop d'érable
5 ml (1 c. à thé) de miso rouge
15 ml (1 c. à soupe) de gingembre moulu
5 ml (1 c. à thé) d'huile de sésame grillé
Quelques gouttes de tabasco fumé ou au goût (dans les épiceries)
450 g (1 lb) de tofu ferme, taillé en cubes

1 aubergine, taillée en cubes de la même grosseur que le tofu

PRÉPARATION

1. **La veille.** Dans une petite casserole, déposer tous les ingrédients de la marinade, excepté l'huile de sésame, et faire chauffer jusqu'à la première ébullition. Laisser refroidir et ajouter l'huile de sésame et les cubes de tofu.
2. **Le lendemain.** Égoutter le tofu en conservant la marinade.
3. Sur des brochettes, enfiler les aubergines en alternant avec le tofu. Remettre les brochettes dans la marinade pendant 15 minutes.
4. Griller les brochettes sur le BBQ, à puissance moyenne.
5. Une fois les aubergines cuites, le tofu sera chaud et caramélisé. Déguster.

ASTUCES DE CRÉATIVITÉ

Amusez-vous à créer vos marinades sur différentes pistes, comme celle des aliments à goût anisé (aneth, coriandre fraîche, basilic, menthe, fenouil, estragon, etc.), ainsi que sur la piste des aliments de la famille du romarin (cardamome, cèdre, genièvre, citron, thé Earl Grey, laurier, lavande...), sans oublier ceux sur le mode des jumeaux moléculaires que sont la fraise et l'ananas (girofle, vinaigre balsamique, poivre du Sichuan, cognac, curcuma, etc.). Servez-vous aussi des chapitres de *Papilles et Molécules*, multiples seront vos créations de marinades pour le tofu.

PISTES HARMONIQUES DES LIQUIDES

La piste aromatique de l'érable et de ses ingrédients complémentaires utilisés dans cette marinade nous conduit vers les bières brunes extra-fortes, ainsi que vers les vins blancs de pays chauds, élevés en barriques, comme c'est le cas de nombreux chardonnays du Nouveau Monde, ainsi que des assemblages de roussanne/marsanne/grenache blancs du Languedoc et du Rhône.

ANETH/CITRON VERT

TREMPETTE DE TOFU, ANETH ET CITRON VERT

ASTUCE AROMATIQUE

Ce qu'il y a de bon avec le tofu, mises à part ses grandes qualités nutritionnelles, et elles sont nombreuses, c'est qu'il est possible de lui donner la saveur que l'on désire. Donc, c'est un élément de base sur mesure pour s'amuser avec les pistes aromatiques de Papilles. Ici, nous sommes sur le chemin des ingrédients à goût anisé, comme l'aneth et le citron vert. Amusez-vous à remplacer l'aneth par du basilic, du cumin, du cerfeuil, du carvi, de la menthe ou de l'estragon, comme nous le proposons dans les deux recettes qui suivront celle-ci.

INGRÉDIENTS

340 g (12 oz) de tofu ferme, égoutté et taillé en cubes
1 bouquet d'aneth, haché grossièrement
30 ml (2 c. à soupe) de mayonnaise maison
45 ml (3 c. à soupe) de yogourt grec
Jus d'un demi-citron vert
30 ml (2 c. à soupe) d'huile d'olive
Sel

PRÉPARATION

1. Dans la cuve d'un robot culinaire, mélanger tous les ingrédients jusqu'à l'obtention d'une texture lisse.
2. Rectifier l'assaisonnement et réserver au réfrigérateur dans un contenant hermétique.

PISTES HARMONIQUES DES LIQUIDES

Large est la zone de confort dans la famille des anisés, donc, cette fois-ci, tournez-vous vers le chenin blanc et le romorantin, tous deux de la Loire, ainsi que vers le vermentino d'Italie (Sardaigne, Toscane) et l'albariño d'Espagne.

ANETH/CUMIN

TREMPETTE DE TOFU, ANETH ET CUMIN

ASTUCE AROMATIQUE

Cumin et aneth résonnent dans la même tonalité, ce qui donne ici plus de « oumf » à la synergie aromatique anisée.

INGRÉDIENTS

340 g (12 oz) de tofu ferme, égoutté et taillé en cubes
30 ml (2 c. à soupe) de yogourt
30 ml (2 c. à soupe) de mayonnaise maison
3 ml (½ c. à thé) de cumin
1 botte d'aneth, effeuillée
30 ml (2 c. à soupe) d'huile d'olive
1 échalote grise
Sel

PRÉPARATION

1. Dans la cuve d'un robot culinaire, mélanger tous les ingrédients jusqu'à l'obtention d'une préparation lisse.
2. Rectifier l'assaisonnement en sel et réserver au réfrigérateur dans un contenant hermétique.

PISTES HARMONIQUES DES LIQUIDES

Même choix que pour la précédente recette.

CURCUMA/GINGEMBRE FRAIS

TREMPETTE DE TOFU, CURCUMA ET GINGEMBRE

ASTUCE AROMATIQUE

Contrairement aux deux précédentes trempettes, sur la piste des aliments anisés, celle-ci est en mode gingembre. Ce dernier étant sur la même tonalité que le curcuma, il en résulte une trempette « exotiquement » aromatique !

INGRÉDIENTS

340 g (12 oz) de tofu ferme, égoutté et taillé en cubes
30 ml (2 c. à soupe) de yogourt
30 ml (2 c. à soupe) de mayonnaise maison
5 ml (1 c. à thé) de curcuma moulu
15 ml (1 c. à soupe) de gingembre frais râpé ou 8 ml (1 ½ c. à thé) de poudre de gingembre

30 ml (2 c. à soupe) d'huile d'olive
1 échalote grise
Sel

PRÉPARATION

1. Dans la cuve d'un robot culinaire, mélanger tous les ingrédients jusqu'à l'obtention d'une texture lisse.
2. Rectifier l'assaisonnement en sel et réserver au réfrigérateur dans un contenant hermétique.

PISTES HARMONIQUES DES LIQUIDES

La piste du gingembre est celle des vins aromatiques, comme c'est le cas des blancs de gewurztraminer, ainsi que de muscat et de malvasia

PAMPLEMOUSSE ROSE/PIMENTÓN FUMÉ

TREMPETTE DE TOFU, PAMPLEMOUSSE ROSE ET PIMENTÓN FUMÉ

ASTUCE AROMATIQUE

Le tofu peut être aromatisé à toutes les sauces, et prend ainsi le chemin aromatique que l'on souhaite. Voici donc trois versions de trempette de tofu sur un même thème.

INGRÉDIENTS

340 g (12 oz) de tofu ferme, égoutté et taillé en cubes
5 ml (1 c. à thé) de pimentón fumé (ou de paprika fumé)
30 ml (2 c. à soupe) de mayonnaise maison
45 ml (3 c. à soupe) de yogourt nature
Jus d'un demi-pamplemousse rose
30 ml (2 c. à soupe) d'huile d'olive
Sel

PRÉPARATION

1. Dans la cuve d'un robot, mélanger tous les ingrédients jusqu'à l'obtention d'une texture lisse.
2. Rectifier l'assaisonnement et réserver au réfrigérateur dans un contenant hermétique.

PISTES HARMONIQUES DES LIQUIDES

Les deux ingrédients clefs, le pamplemousse rose et le pimentón fumé, donnent la piste à suivre, qui est celle des vins rosés, tout comme celle des vins mousseux et de verdejo (de l'appellation espagnole Rueda), de sauvignon blanc (des quatre coins du monde) ou encore de fumé blanc du Midi ou de Californie. Enfin, une bière de type pale ale, jeune et tout en fraîcheur, est aussi de mise.

CREVETTE DE MATANE/PAMPLEMOUSSE ROSE/PIMENTÓN FUMÉ

TREMPETTE DE TOFU, CREVETTES DE MATANE, PAMPLEMOUSSE ROSE ET PIMENTÓN FUMÉ

ASTUCE AROMATIQUE

Comme la crevette est sur la même tonalité que le pamplemousse rose et le pimentón fumé, nous l'avons incorporée au tofu, question d'en faire une trempette aux crevettes

INGRÉDIENTS

340 g (12 oz) de tofu ferme, égoutté et taillé en cubes
60 ml (1/4 tasse) de petites crevettes de Matane (ou autres petites crevettes nordiques)
5 ml (1 c. à thé) de pimentón fumé (ou paprika fumé)
30 ml (2 c. à soupe) de mayonnaise maison
45 ml (3 c. à soupe) de yogourt nature
Jus d'un demi-pamplemousse rose
30 ml (2 c. à soupe) d'huile d'olive
Sel

PRÉPARATION

1. Dans la cuve d'un robot culinaire, mélanger tous les ingrédients jusqu'à l'obtention d'une texture lisse.
2. Rectifier l'assaisonnement et réserver au réfrigérateur dans un contenant hermétique.

Pour une trempette avec plus de texture, vous pouvez hacher grossièrement les crevettes au couteau et les ajouter à la préparation avant de servir.

PISTES HARMONIQUES DES LIQUIDES

Mêmes choix harmoniques que pour la précédente recette, en privilégiant les vins rosés, qu'ils soient tranquilles ou mousseux.

TREMPETTE DE TOFU, CREVETTES DE MATANE, PAMPLEMOUSSE ROSE ET HUILE DE SÉSAME GRILLÉ

ASTUCE AROMATIQUE

Même principe que pour la précédente recette, avec en plus l'huile de sésame grillé, qui magnifie littéralement la synergie crevette/pamplemousse rose/pimentón fumé.

INGRÉDIENTS

340 g (12 oz) de tofu ferme, égoutté et taillé en cubes
60 ml (¼ tasse) de crevettes de Matane (ou autres petites crevettes nordiques)
8 ml (1 ½ c. à thé) d'huile de sésame grillé
30 ml (2 c. à soupe) de mayonnaise maison
45 ml (3 c. à soupe) de yogourt nature
Jus d'un demi-pamplemousse rose
30 ml (2 c. à soupe) d'huile d'olive
Sel

PRÉPARATION

1. Dans la cuve d'un robot culinaire, mélanger tous les ingrédients jusqu'à l'obtention d'une texture lisse.
2. Rectifier l'assaisonnement et réserver au réfrigérateur dans un contenant hermétique.

PISTES HARMONIQUES DES LIQUIDES

Mêmes choix harmoniques que pour la précédente recette, mais en privilégiant les vins qui ont séjourné en barrique, ce qui est souvent le cas des fumés blancs de Californie, tout comme des xérès de type fino ou manzanilla.

SAUCE SOYA/MÉLASSE/CÉLERI CUIT/BŒUF

NOUILLES CHINOISES AU BŒUF

ASTUCE AROMATIQUE

Comme le bœuf, la sauce soya, la mélasse et le céleri cuit partagent un composé volatil dominant – du nom de sotolon, faisant l'objet d'un chapitre détaillé dans *Papilles et Molécules*, tome 1 –, nous les avons choisis pour donner une signature aromatique singulière à ce simplissime plat de nouilles chinoises.

INGRÉDIENTS

15 ml (1 c. à soupe) d'huile de canola
15 ml (1 c. à soupe) de beurre salé
300 g (10 oz) de bœuf haché mi-maigre
2 oignons jaunes moyens, hachés finement
45 ml (3 c. à soupe) de mélasse
45 ml (3 c. à soupe) de sauce soya
2 branches de céleri, émincées
3 carottes épluchées, taillées et émincées
1 poivron rouge, émincé finement
450 g (1 lb) de nouilles (type macaronis coudés)
15 ml (1 c. à soupe) de beurre
15 ml (1 c. à soupe) d'huile de canola
Poivre du moulin

PRÉPARATION

1. Dans une grande casserole à fond épais, faire chauffer l'huile et le beurre, et faire revenir la viande jusqu'à ce qu'elle soit complètement colorée.
2. Ajouter les oignons et les faire colorer.
3. Retirer la casserole du feu. Ajouter la mélasse et la sauce soya. Réserver.
4. Dans un wok, faire revenir rapidement à feu vif les légumes, séparément, en conservant leur croquant. Les déposer dans la casserole de viande et remuer.
5. Dans une casserole d'eau bouillante salée, cuire les pâtes en suivant les consignes du fabricant.
6. Les égoutter et les mélanger à la préparation de viande.
7. Vérifier l'assaisonnement et ajouter un tour de moulin à poivre.
8. Déguster.

VARIATION AU GINGEMBRE

Il est possible d'effectuer une deuxième version avec des nouilles transparentes, sur la piste du gingembre, en utilisant des ingrédients partageant le profil de ce rhizome : bœuf, curcuma, jus de citron, persil, piment fort et gingembre, bien sûr.

PISTES HARMONIQUES DES LIQUIDES

Ne cherchez pas longtemps et servez votre bière brune ou rousse préférée ! En saison estivale, pourquoi ne pas vous concocter un cocktail, à base de ginger beer ou de ginger ale, avec un fond de rhum brun Original Dark Superior El Dorado ? Les aficionados de xérès se serviront un doigt ou deux d'amontillado.

PAPRIKA/ORANGE/SAUMON FUMÉ

PÂTES AU SAUMON FUMÉ

ASTUCE AROMATIQUE

Classique italien s'il en est un, nous lui avons ajouter du paprika et de l'orange, question d'augmenter la synergie aromatique avec les parfums fumés du saumon.

INGRÉDIENTS

Sauce
2 échalotes grises, hachées
15 ml (1 c. à soupe) d'huile d'olive
Jus et zeste d'une demi-orange
3 ml (½ c. à thé) de paprika doux
250 ml (1 tasse) de crème 35 %
225 g (½ lb) de pâtes genre tagliatelles ou linguines
200 g (7 oz) de saumon fumé taillé en dés (ou en fines lanières)

PRÉPARATION

1. **Sauce.** Dans une grande sauteuse, faire suer les échalotes dans l'huile d'olive. Déglacer avec le jus d'orange. Ajouter le zeste et le paprika. Verser la crème et porter à ébullition. Réserver.
2. Cuire les pâtes dans une casserole d'eau salée en suivant les directives du fabricant.
3. Lorsque les pâtes sont al dente, les égoutter et les huiler pour qu'elles ne collent pas ensemble.
4. **Finir la sauce.** Refaire bouillir la crème jusqu'à ce qu'elle ait une belle texture « nappante ». Ajouter le saumon fumé et cuire quelques minutes. (Attention : ne pas cuire longtemps sans quoi le saumon pourrait sécher.)
5. Déposer les pâtes dans la sauce et les faire chauffer en les enrobant bien de sauce.
6. Rectifier l'assaisonnement en sel et déguster.

PISTES HARMONIQUES DES LIQUIDES

Fumé blanc, sauvignon blanc, verdejo (appellation Rueda, Espagne) et vins rosés sont tous sur le même mode aromatique que les ingrédients de ces pâtes.

BASILIC/ESTRAGON/POIVRON/COURGETTE/ASPERGE

SALADE DE PÂTES AUX LÉGUMES GRILLÉS

ASTUCE AROMATIQUE

Cette salade de pâtes aux légumes exalte des parfums anisés et rafraîchissants, en raison de la présence du basilic et de l'estragon dans la vinaigrette, ainsi que des poivrons, des courgettes et des asperges.

INGRÉDIENTS

2 oignons rouges, épluchés et taillés en rondelles épaisses
3 poivrons rouges, épluchés et épépinés
3 poivrons jaunes, épluchés et épépinés
4 courgettes, coupées en 2 dans le sens de la longueur
1 aubergine moyenne, taillée en 3 dans le sens de la longueur
1 botte d'asperges moyennes, épluchées et débarrassées de la queue
12 échalotes vertes
60 ml (1/4 tasse) d'huile d'olive
400 g (14 oz) de pâtes (de type farfalles)
110 g (4 oz) de fromage de chèvre frais

VINAIGRETTE
125 ml (1/2 tasse) d'huile d'olive
30 ml (2 c. à soupe) de vinaigre à l'estragon
1 bouquet de basilic haché
Sel

PRÉPARATION

1. Préchauffer le BBQ. Faire griller les légumes, légèrement huilés et assaisonnés, pour les colorer, en gardant leur côté croquant. Réserver.
2. Cuire les pâtes dans une casserole d'eau salée en suivant les directives du fabricant. Refroidir et réserver.
3. Une fois les légumes froids, les tailler en gros morceaux et les déposer dans un saladier avec les pâtes.
4. Dans un bol, mélanger les ingrédients de la vinaigrette et ajouter à la salade. Ajouter le fromage de chèvre en éclats.
5. Rectifier l'assaisonnement et déguster.

PISTES HARMONIQUES DES LIQUIDES

En journée extra chaude, sortez vos sauvignons blancs anisés. En journée estivale normale, sortez vos belles syrahs françaises, aux tanins souples, en mode fraîcheur.

CREVETTE DE MATANE/TOMATE/POIVRON/PIMENTÓN FUMÉ

SALADE DE PÂTES ESTIVALE AUX CREVETTES

ASTUCE AROMATIQUE

La piste de la crevette de cette salade de pâtes nous a guidé dans le choix d'ingrédients de même famille aromatique.

INGRÉDIENTS

225 g (½ lb) de pâtes (type pennes)
Gros sel
1 gousse d'ail, hachée
1 branche de céleri, émincée
5 ml (1 c. à thé) de pimentón fumé

GARNITURE

250 ml (1 tasse) de haricots verts, cuits à l'eau et taillés en tronçons
24 perles de mozzarella
5 ml (1 c. à thé) d'origan séché
1 poivron rouge, taillé en dés
1 barquette de tomates cerises, taillées en 2
1 oignon rouge, émincé finement
375 ml (1 ½ tasse) de crevettes de Matane fraîches ou de chair de crabe

VINAIGRETTE

3 ml (½ c. à thé) de sambal oelek
45 ml (3 c. à soupe) de mayonnaise
15 ml (1 c. à soupe) de ketchup
Jus d'un demi-citron
15 ml (1 c. à soupe) d'eau
Sel

PRÉPARATION

1. Dans une casserole d'eau bouillante salée, ajouter l'ail, le céleri et le pimentón fumé et y cuire les pâtes al dente. Refroidir rapidement et réserver.
2. Dans un saladier, mélanger tous les ingrédients de la garniture et ajouter les pâtes refroidies.
3. Dans un bol, mélanger tous les ingrédients la vinaigrette et verser sur la salade.
4. Mélanger et rectifier l'assaisonnement.

PISTES HARMONIQUES DES LIQUIDES

Sur la piste de la crevette, et de ses aliments complémentaires, il y a aussi les vins rosés. Lesquels ? Vos préférés !

BROCHETTES DE CREVETTES, MELON D'EAU ET TOMATES CERISES AU PAPRIKA SUR BROCHETTES DE BAMBOU PARFUMÉES AU JUS DE PAMPLEMOUSSE ROSE

ASTUCE AROMATIQUE

En réunissant des aliments de même famille aromatique, comme c'est le cas de la crevette, de la tomate, du melon d'eau, du paprika et du jus de pamplemousse rose, on obtient une saveur plus grande que la somme des parties. C'est aussi ça Papilles !

INGRÉDIENTS

INFUSION DE JUS DE PAMPLEMOUSSE ROSE
12 brochettes de bambou
250 ml (1tasse) d'eau
Jus et zeste d'un pamplemousse rose, lavé et brossé

HUILE DE PAPRIKA
1 tasse (250 ml) d'huile d'olive
15 ml (1 c. à soupe) de zeste de pamplemousse rose
30 ml (2 c. à soupe) de paprika doux

BROCHETTES
1 kg (2 lb) de crevettes 31/40, déveinées et décortiquées
45 ml (3 c. à soupe) d'huile de paprika et zeste de pamplemousse
1 melon d'eau
2 barquettes de tomates cerises, lavées et asséchées
Sel de mer

PRÉPARATION

1. **Infusion de jus de pamplemousse rose.** Dans une casserole, faire frémir l'eau. Retirer du feu. Dans un contenant ou un plat muni d'un couvercle, déposer 12 brochettes de bambou et y verser l'eau chaude, le jus et le zeste d'un pamplemousse. Conserver au froid.

   Il est préférable de faire cette opération de 12 à 24 heures à l'avance pour que les brochettes de bambou soient gorgées des arômes de l'infusion.
2. **Huile de paprika.** Dans une casserole, tiédir l'huile d'olive. (Ne pas trop la faire chauffer, car le paprika et le pamplemousse deviendraient amers.) Ajouter le zeste de pamplemousse et le paprika, et réserver dans un contenant hermétique de type pot Mason. Laisser infuser environ 2 jours pour maximiser le goût. Filtrer.

3. **Brochettes.** Dans un bol en verre, déposer les crevettes. Verser l'huile de paprika et mélanger pour bien enduire chaque crevette. Couvrir d'une pellicule de plastique et laisser mariner au réfrigérateur pendant au moins 1 heure.
4. Préchauffer le BBQ.
5. Sur les brochettes de bambou parfumées, intercaler les crevettes marinées, les billes de melon d'eau et les tomates cerises. Saler. Déposer sur la grille du BBQ et cuire environ 8 minutes*, en prenant soin de griller toutes les surfaces.

*Il est important de ne pas trop cuire les crevettes, car elles deviendraient coriaces et perdraient toutes leurs délicieuses saveurs.

PISTES HARMONIQUES DES LIQUIDES

Vins rosés et mousseux/champagnes rosés sont de mise! Mais aussi les blancs de sauvignon blanc, de fumé blanc, ainsi que les bières de type pale ale. La zone de confort harmonique est ici très large. À vous de choisir le type qui vous convient.

CORIANDRE FRAÎCHE/CITRON VERT/WASABI

BURGERS DE MORUE À LA CORIANDRE FRAÎCHE

ASTUCE AROMATIQUE

Un burger de morue ? Pourquoi pas ! Nous lui avons donné une piste à suivre, celle des aliments à la fois anisés et à goût de froid : coriandre fraîche, citron vert et wasabi. Partant de là, vous pouvez aussi utiliser le basilic, le cerfeuil, l'estragon ou le fenouil.

INGRÉDIENTS

450 g (1 lb) de morue, sans peau ni arrête
60 ml (4 c. à soupe) de mie de pain blanc en chapelure
3 œufs
Jus d'un citron vert
1 bouquet de coriandre, haché finement
1 pincée de wasabi en poudre
15 ml (1 c. à soupe) d'huile d'olive
Sel

PRÉPARATION

1. Dans la cuve d'un robot culinaire, réduire la chair de poisson. Attention : ne pas trop la hacher et garder quelques gros morceaux.
2. Mettre la pâte de poisson dans un saladier et ajouter le reste des ingrédients.
3. Remuer à l'aide d'une spatule, pour obtenir une préparation homogène.
4. Sur une assiette recouverte d'une feuille de papier sulfurisé, former 4 boulettes.

5. Cuire de 7 à 10 minutes sur chaque côté, selon l'épaisseur des boulettes, soit dans une poêle avec de l'huile et du beurre, soit sur le BBQ, à puissance moyenne/élevée après avoir huilé les grilles.
6. Monter les burgers et déguster.

PISTES HARMONIQUES DES LIQUIDES

Deux choix. Comme nous sommes sur deux pistes aromatiques (anisés et goût de froid) soit un riesling, soit un sauvignon blanc. Ah oui, j'oubliais... une bière india pale ale est aussi de mise !

CORIANDRE FRAÎCHE/PERSIL/CITRON VERT

CALMARS MARINÉS AU CITRON VERT ET GRILLÉS AU BBQ

ASTUCE AROMATIQUE

Ici, la synergie est créée par la présence de la coriandre fraîche, du persil et du citron vert. Pour magnifier encore plus cette synergie, ajoutez-y, après cuisson, notre recette de vierge de pamplemousse rose au safran (voir recette suivante).

INGRÉDIENTS

MARINADE

Jus et zeste d'un citron vert
½ bouquet de coriandre fraîche, haché
15 ml (1 c. à soupe) de persil haché
125 ml (½ tasse) d'huile d'olive

8 corps de calmars moyens
Huile d'olive
Fleur de sel

PRÉPARATION

1. Dans un bol, mélanger tous les ingrédients de la marinade et y plonger les calmars.
2. Couvrir d'une pellicule plastique et laisser mariner au réfrigérateur au moins 3 heures.
3. Préchauffer le BBQ et cuire les calmars environ 10 minutes sur chaque côté.
4. Arroser d'huile d'olive et de fleur de sel. Déguster.

PISTES HARMONIQUES DES LIQUIDES

Deux choix : soit des sauvignons blancs de nobles terroirs, comme certains crus de Sancerre, de Menetou-Salon et de Pouilly-Fumé, soit des rieslings plus que parfumés et généreux, comme ceux d'Australie.

VIERGE DE PAMPLEMOUSSE ROSE AU SAFRAN POUR CALMARS, CREVETTES/ HOMARD/SAUMON

ASTUCE AROMATIQUE

Voici une vierge, donc une vinaigrette d'après cuisson, qui viendra créer encore plus de synergie aromatique avec la précédente recette de calmars. Tous les ingrédients de cette vierge (pamplemousse rose, tomate, safran, raisins blonds, thé noir et lavande) sont sur la piste aromatique du calmar. N'hésitez pas à l'utiliser, après cuisson, aussi sur des crevettes grillées, du homard, du saumon ou de la truite saumonée.

INGRÉDIENTS

15 ml (2 c. à soupe) de raisins blonds concassés
250 ml (1 tasse) d'infusion de thé noir
45 ml (3 c. à soupe) d'huile d'olive
1 pincée de safran
1 pincée de lavande
Suprêmes d'un pamplemousse, taillés en dés
1 tomate italienne mûre, taillée en dés
Fleur de sel

PRÉPARATION

1. Dans un bol, tremper les raisins secs dans le thé noir, pour les assouplir.
2. Dans une casserole, faire tiédir l'huile d'olive. Hors du feu, mettre le safran et la lavande à infuser.
3. Dans un saladier, déposer les raisins avec les dés de tomate et de pamplemousse.
4. Verser l'huile aromatisée et assaisonner avec la fleur de sel.
5. Tailler les calmars cuits en rondelles et les assaisonner avec le mélange.

PISTES HARMONIQUES DES LIQUIDES

Lorsque vous utilisez cette vierge pour magnifier la synergie aromatique, tant avec les calmars grillés, les crevettes grillées, le homard, le saumon qu'avec la truite saumonée, servez soit des sauvignons blancs de nobles terroirs, comme certains crus de Sancerre, de Menetou-Salon et de Pouilly-Fumé, soit des rieslings plus que parfumés et généreux, comme ceux d'Australie.

FILET DE SAUMON CUIT SUR PLANCHE DE BOIS AU RHUM ÉPICÉ

ASTUCE AROMATIQUE

Sur le même principe que nos recettes de brochettes de bambou infusées (publiées dans le tome I de cette collection), l'idée est de donner une piste aromatique à la planche de bois sur laquelle sera cuit le poisson. La note ici est donnée par l'univers aromatique du rhum brun, en l'occurrence le rhum brun épicé Spiced Rhum El Dorado, et ses ingrédients complémentaires l'érable, la vanille et le girofle.

INGRÉDIENTS

2 litres (8 tasses) d'eau
60 ml (¼ tasse) de sirop d'érable
250 ml (1 tasse) de rhum brun épicé Spiced Rhum El Dorado
1 gousse de vanille, fendue en deux et graines raclées
2 clous de girofle
1 planche de bois d'érable pour cuisson (achetée au rayon poissonnerie ou dans les magasins de chasse et pêche)
1 filet de saumon frais
Sel

PRÉPARATION

1. **La veille.** Dans une grande casserole, faire bouillir l'eau et le sirop d'érable. Retirer du feu et ajouter tous autres ingrédients (sauf le saumon et le sel).
2. Mettre la planche dans un plat rectangulaire et y verser le liquide, incluant les épices entières. Laisser mariner une nuit.
3. **Le lendemain.** Faire chauffer le BBQ à puissance maximale et déposer la planche sur la grille du bas pendant 5 minutes, le temps qu'elle chauffe.
4. Placer la planche sur la grille du haut, y déposer le filet de saumon et assaisonner. Cuire avec le couvercle du BBQ fermé pendant une dizaine de minutes.
5. Sortir et déguster.

ASTUCE DE SERVICE

Vous pourriez aussi badigeonner le poisson, avant et pendant la cuisson, de sauce soya ou encore mieux de notre recette de sauce Soyable_Mc² (publiée dans *Les recettes de Papilles et Molécules*, page 166).

PISTES HARMONIQUES DES LIQUIDES

Comme nous sommes sur la piste du rhum brun, osez servir l'Original Dark Superior El Dorado, allongé de ginger beer Fever-Tree, ou de ginger ale. Cette piste aromatique est aussi celle des bières brunes extra-fortes. Enfin, elle est également le chemin des chardonnays boisés du Nouveau Monde.

FILET DE SAUMON CUIT SUR PLANCHE DE BOIS AU RHUM, GINGEMBRE ET LITCHI

ASTUCE AROMATIQUE

Même principe que pour la recette précédente : donner une piste aromatique à la planche de bois sur laquelle sera cuit le poisson. Comme la tonalité choisie est celle du rhum brun, nous vous proposons cette deuxième version aromatisée au gingembre et au litchi, tous deux d'importants ingrédients de la famille aromatique du rhum brun.

INGRÉDIENTS

2 litres (8 tasses) d'eau

100 g (4 oz) de gingembre frais épluché et émincé finement

250 ml (1 tasse) de rhum brun Original Dark Superior El Dorado

125 ml (½ tasse) de Soho (liqueur au goût de litchi disponible à la SAQ)

1 planche de bois d'érable pour cuisson (achetée au rayon poissonnerie ou dans les magasins de chasse et pêche)

1 filet de saumon frais

Sel

PRÉPARATION

1. **La veille.** Dans une grande casserole, faire bouillir l'eau et le gingembre. Retirer du feu et ajouter les autres ingrédients (sauf le saumon et le sel).
2. Mettre la planche dans un plat rectangulaire et y verser le liquide, incluant les épices entières. Laisser mariner une nuit.
3. **Le lendemain.** Chauffer le BBQ à puissance maximale et déposer la planche sur la grille du bas pendant 5 minutes, le temps qu'elle chauffe.
4. Placer la planche sur la grille du haut, y déposer le filet de saumon et assaisonner. Cuire avec le couvercle du BBQ fermé pendant une dizaine de minutes.
5. Sortir et déguster.

PISTES HARMONIQUES DES LIQUIDES

Avec l'imposante synergie aromatique que crée l'ajout du duo gingembre/litchi, deux choix s'offrent à vous : un rhum brun Original Dark Superior El Dorado, allongé de ginger beer Fever-Tree, ou de ginger ale; un vin blanc de gewurztraminer.

FILET DE SAUMON GRILLÉ ET PESTO DE TOMATES SÉCHÉES

ASTUCE AROMATIQUE

Une pointe de basilic et une autre de pimentón (ou de paprika), et hop ! ce saumon se transforme en un plat gourmand comme pas un. C'est que notre pesto de tomates séchées s'exprime haut et fort !

INGRÉDIENTS

4 morceaux de saumon, taillés dans la partie la plus épaisse du filet
60 ml (¼ tasse) d'huile d'olive
Sel
10 ml (2 c. à thé) de pimentón doux fumé
125 ml (½ tasse) de pesto de tomates séchées (voir recette suivante)

PRÉPARATION

1. Préchauffer le four à 180 °C (350 °F) ou le BBQ à puissance maximale.
2. Badigeonner les morceaux de saumon avec de l'huile et saler.
3. Marquer rapidement le saumon sur tous les côtés pour obtenir un quadrillage, qui lui apportera un goût de grillade.
4. Déposer les filets de saumon côté peau dessous, sur une plaque à pâtisserie recouverte d'une feuille de papier sulfurisé.
5. Saupoudrer équitablement le pimentón sur les morceaux de poisson et déposer le pesto de tomates séchées, en répartissant également.
6. Arroser d'huile d'olive et placer soit au four à 180 °C (350 °F) pendant 5 à 7 minutes*, ou sur la grille du haut du BBQ, éteint depuis peu, pour le cuire à la chaleur résiduelle.

*La cuisson varie selon l'épaisseur du morceau de poisson.

PISTES HARMONIQUES DES LIQUIDES

Une pointe de syrah, une touche de vin rosé soutenu, et l'accord résonnera grâce à la piste du trio tomate séchée/ basilic/pimentón.

PESTO DE TOMATES SÉCHÉES

ASTUCE AROMATIQUE

Une pointe de basilic et une autre de pimentón (ou de paprika), et ce pesto de tomates séchées s'exprime haut et fort ! Parfait pour une recette de pâtes, tout comme pour les transformations que nous en avons faites avec des anchois ou petits pois dans le tome I *Automne* de cette collection (voir recettes Pâtes aux anchois et pesto de tomates séchées à la page 87 et Pâtes aux tomates séchées « umami », page 88).

INGRÉDIENTS

225 g (½ lb) de tomates séchées dans l'huile
2 gousses d'ail
50 g (1/5 tasse) de parmesan
1 branche de basilic frais
1 pincée de pimentón
150 ml (2/3 tasse) d'huile
Sel de mer

PRÉPARATION

1. Dans un mélangeur, déposer tous les ingrédients. Mélanger jusqu'à l'obtention d'une texture homogène. Verser dans un pot Mason et réserver.

SAFRAN/GINGEMBRE FRAIS

GROSSES CREVETTES GRILLÉES AU SAFRAN ET GINGEMBRE

ASTUCE AROMATIQUE

La reine épice, le safran, étant sur la même tonalité aromatique que la crevette, il ne restait qu'à choisir un autre ingrédient sur cette même piste afin de générer une belle synergie aromatique. Nous lui avons trouvé un roi : le gingembre ! Mais plusieurs autres variations sur le même thème sont possibles, nous vous en proposons dans les cinq recettes qui suivent.

INGRÉDIENTS

12 grosses crevettes 6/8
190 ml (¾ tasse) d'huile d'olive
3 ml (½ c. à thé) de pistils de safran
60 ml (¼ tasse) de gingembre frais râpé
Fleur de sel

PRÉPARATION

1. Décortiquer la partie queue des crevettes, en conservant la nageoire et la tête, et les enfiler sur une brochette de bambou dans le sens de la longueur. Réserver dans un plat rectangulaire creux.
2. Dans la cuve d'un robot culinaire, mélanger l'huile, le safran et le gingembre jusqu'à l'obtention d'une texture homogène.
3. Verser les ¾ de cette préparation sur les crevettes, recouvrir d'une pellicule plastique et laisser mariner au réfrigérateur pendant 1 h 30.
4. Préchauffer le BBQ à chaleur maximum et cuire les crevettes égouttées 4 minutes de chaque côté.
5. Au moment de servir, arroser d'un filet de la marinade restante et saupoudrer de fleur de sel.

PISTES HARMONIQUES DES LIQUIDES

Grüner veltliner autrichien, thé vert sencha rafraîchi, fumé blanc californien boisé, bière india pale ale, xérès manzanilla, bière blanche ou vin rosé sont les pistes à suivre dans cette famille.

PAMPLEMOUSSE ROSE/PAPRIKA

GROSSES CREVETTES GRILLÉES AU PAMPLEMOUSSE ROSE ET PAPRIKA

ASTUCE AROMATIQUE

Pamplemousse rose et paprika sont plus que tout autre en lien étroit avec la crevette tout comme avec le safran qui a inspiré cette série de plats de grosses crevettes.

INGRÉDIENTS

12 grosses crevettes 6/8
190 ml (¾ tasse) d'huile d'olive
5 ml (1 c. à thé) de paprika
Zeste et le jus d'un demi-pamplemousse rose
Fleur de sel

PRÉPARATION

1. Décortiquer la partie queue des crevettes, en conservant la nageoire et la tête, et les enfiler sur une brochette de bambou dans le sens de la longueur. Réserver dans un plat rectangulaire creux.
2. Dans la cuve d'un robot culinaire, mélanger l'huile, le paprika et le pamplemousse jusqu'à l'obtention d'une texture homogène.
3. Verser les ¾ de cette préparation sur les crevettes, recouvrir d'une pellicule plastique et laisser mariner au réfrigérateur pendant 1 h 30.
4. Préchauffer le BBQ à chaleur maximum et cuire les crevettes égouttées 4 minutes de chaque côté.
5. Au moment de servir, arroser d'un filet de marinade restante et saupoudrer de fleur de sel.

PISTES HARMONIQUES DES LIQUIDES

Ici, notez que la bière de type india pale ale résonne fortement avec le trio crevette/pamplemousse rose/paprika, tout comme le fait aussi bien le vin rosé.

THÉ EARL GREY/CITRON

GROSSES CREVETTES GRILLÉES AU THÉ EARL GREY ET CITRON

ASTUCE AROMATIQUE

Même principe que les deux précédentes recettes, car, aussi surprenant que cela puisse paraître, le thé Earl Grey est sur la même tonalité aromatique que le safran. Ce qui en fait un ingrédient très inspirant en cuisine, d'où les nombreuses recettes où nous l'avons utilisé dans les quatre tomes de cette collection en quatre saisons.

INGRÉDIENTS

12 grosses crevettes 6/8
190 ml (¾ tasse) d'huile d'olive
5 ml (1 c. à thé) de thé Earl Grey réduit en poudre fine
Jus et le zeste d'un demi-citron jaune
Fleur de sel

PRÉPARATION

1. Décortiquer la partie queue des crevettes, en conservant, la nageoire et la tête, et les enfiler sur une brochette de bambou dans le sens de la longueur. Réserver dans un plat rectangulaire creux.
2. Dans la cuve d'un robot culinaire, mélanger l'huile, le citron et la poudre de thé jusqu'à l'obtention d'une texture homogène.
3. Verser les ¾ de cette préparation sur les crevettes, recouvrir d'une pellicule plastique et laisser mariner au réfrigérateur pendant 1 h 30.
4. Préchauffer le BBQ à chaleur maximum et cuire les crevettes égouttées 4 minutes de chaque côté.
5. Au moment de servir, arroser d'un filet de la marinade restante et saupoudrer de fleur de sel.

PISTES HARMONIQUES DES LIQUIDES

Ici, à cause de la présence du thé Earl Grey, privilégiez les vins de sauvignon blanc et les bières blanches.

ROMARIN/CARDAMOME

GROSSES CREVETTES GRILLÉES AU ROMARIN ET CARDAMOME

ASTUCE AROMATIQUE

Pour cette quatrième variation aromatique sur le thème de la crevette et du safran, nous avons choisi le pénétrant et camphré duo romarin/cardamome.

INGRÉDIENTS

12 grosses crevettes 6/8
190 ml (¾ tasse) d'huile d'olive
15 ml (1 c. à soupe) de feuilles de romarin, concassées
2 grains de cardamome verte, moulus
Fleur de sel

PRÉPARATION

1. Décortiquer la partie queue des crevettes, en conservant la nageoire et la tête, et les enfiler sur une brochette de bambou dans le sens de la longueur. Réserver dans un plat rectangulaire creux.
2. Dans la cuve d'un robot culinaire, mélanger l'huile, le romarin et la cardamome jusqu'à l'obtention d'une texture homogène.
3. Verser les ¾ de cette préparation sur les crevettes, recouvrir d'une pellicule plastique et laisser mariner au réfrigérateur pendant 1 h 30.
4. Préchauffer le BBQ à chaleur maximum et cuire les crevettes égouttées 4 minutes de chaque côté.
5. Au moment de servir, arroser d'un filet de la marinade restante et saupoudrer de fleur de sel.

PISTES HARMONIQUES DES LIQUIDES

Tout en atteignant la zone de confort harmonique avec toutes les suggestions des trois précédentes recettes de crevettes, ici vous toucherez au nirvana aromatique avec un riesling. Ce dernier étant l'alter ego du romarin, comme de la cardamome.

LITCHI/GINGEMBRE FRAIS

GROSSES CREVETTES GRILLÉES AU GINGEMBRE ET LITCHI

ASTUCE AROMATIQUE

Comme le gingembre est dans la liste des aliments complémentaires au safran, qui a inspiré cette suite de recettes de crevettes, et que le litchi est le jumeau moléculaire du gingembre, nous nous sommes permis cette transgression des genres, question « d'exotiser » un peu le propos aromatique.

INGRÉDIENTS

12 grosses crevettes 6/8
190 ml (¾ tasse) d'huile d'olive
30 ml (2 c. à soupe) de soho (alcool de litchi disponible à la SAQ)
60 ml (¼ tasse) de gingembre frais râpé
Fleur de sel

PRÉPARATION

1. Décortiquer la partie queue des crevettes, en conservant la nageoire et la tête, et les enfiler sur une brochette de bambou dans le sens de la longueur. Réserver dans un plat rectangulaire creux.
2. Dans la cuve d'un robot culinaire, mélanger l'huile, le soho et le gingembre jusqu'à l'obtention d'une texture homogène.
3. Verser les ¾ de cette préparation sur les crevettes, recouvrir d'une pellicule plastique et laisser mariner au réfrigérateur pendant 1 h 30.
4. Préchauffer le BBQ à chaleur maximum et cuire les crevettes égouttées 4 minutes de chaque côté.
5. Au moment de servir, arroser d'un filet de la marinade restante et saupoudrer de fleur de sel.

PISTES HARMONIQUES DES LIQUIDES

Et qui dit gingembre et litchi dit aussi vin blanc de gewurztraminer. Mais dit aussi rhum brun allongé de ginger beer ou de ginger ale ! Quel rhum brun ?

ANANAS/GIROFLE

GROSSES CREVETTES GRILLÉES À L'ANANAS ET CLOU DE GIROFLE

ASTUCE AROMATIQUE

Comme nous avons pris goût à la transgression des genres avec la précédente recette où domine le duo gingembre/litchi, cette fois nous avons opté pour le duo ananas/girofle. Pourquoi ? Pourquoi pas !

INGRÉDIENTS

12 grosses crevettes 6/8
190 ml (¾ tasse) d'huile d'olive
2 clous de girofle, moulu
60 ml (¼ tasse) de jus d'ananas
Fleur de sel

PRÉPARATION

1. Décortiquer la partie queue des crevettes, en conservant la nageoire et la tête, et les enfiler sur une brochette de bambou dans le sens de la longueur. Réserver dans un plat rectangulaire creux.
2. Dans la cuve d'un robot culinaire, mélanger l'huile, le clou de girofle et le jus d'ananas jusqu'à l'obtention d'une texture homogène.
3. Verser les ¾ de cette préparation sur les crevettes, recouvrir d'une pellicule plastique et laisser mariner au réfrigérateur pendant 1 h 30.
4. Préchauffer le BBQ à chaleur maximum et cuire les crevettes égouttées 4 minutes de chaque côté.

5. Au moment de servir, arroser d'un filet de la marinade restante et saupoudrer de fleur de sel.

PISTES HARMONIQUES DES LIQUIDES

L'ananas et le girofle sont le royaume des chardonnays élevés en barriques. Comme le choix est plus que vaste, à vous de choisir !

PAPRIKA/PIMENTÓN/CHILI

MORUE FROTTÉE AUX ÉPICES DOUCES

ASTUCE AROMATIQUE

Simple ! L'idée est de créer une synergie aromatique dans l'univers des épices en jouant avec un assemblage de même famille. La morue n'est qu'accessoire... Donc, amusez-vous avec n'importe quel poisson que vous aurez sous la main.

INGRÉDIENTS

4 beaux pavés de morue fraîche ou autre poisson au goût, d'environ 250 g/9 oz chacun
Sel fin
1 gousse d'ail, en purée
30 ml (2 c. à soupe) d'huile d'olive
30 ml (2 c. à soupe) de pimentón ou de paprika non fumé
5 ml (1 c. à thé) de cassonade
5 ml (1 c. à thé) d'épices à chili
1 pincée de cinq-épices

PRÉPARATION

1. Dans une assiette, saler les pavés de poisson et réserver quelques minutes pour que le sel y pénètre.
2. Dans un saladier, déposer tous les ingrédients restants et mélanger pour obtenir une pâte homogène.
3. Enrober les pavés de morue avec le mélange d'épices et les déposer sur une plaque à pâtisserie.
4. Chauffer le BBQ à température moyenne. Huiler la grille à l'aide d'un papier absorbant imbibé d'huile et y déposer le poisson.
5. Faire cuire 5 à 6 minutes d'un côté, puis retourner pour finir la cuisson.

Note. Le poisson est cuit lorsqu'un cure-dent entre dans la chair sans forcer.

PISTES HARMONIQUES DES LIQUIDES

Sortez vos vins rosés favoris, ils partagent tous, sans exception, le profil aromatique du paprika, du pimentón, du chili... Je pense que vous avez compris l'astuce « aromatique » !

PAPILLOTES DE TRUITE SAUMONÉE ET CREVETTES DE MATANE

ASTUCE AROMATIQUE

La cuisson estivale, ou même hivernale, en papillote, permet de magnifier les parfums des ingrédients ajoutés à l'ensemble. Je dirais même que la papillote est LA cuisson « Papilles » ! Ici, truite saumonée, tomate, pamplemousse rose, paprika et crevettes de Matane, sont sur la même piste aromatique.

INGRÉDIENTS

2 pamplemousses roses
2 filets de truite saumonée
1 barquette de tomates cerises
10 ml (2 c. à thé) de paprika doux
225 g (½ lb) de crevettes de Matane, fraîches et décortiquées
60 ml (4 c. à soupe) d'huile d'olive
Fleur de sel

PRÉPARATION

1. Laver et brosser les pamplemousses. Avec une microplane, prélever le zeste directement au-dessus d'un saladier afin de conserver les huiles essentielles des agrumes.
2. Peler à vif les pamplemousses et prélever les suprêmes au-dessus du saladier pour récupérer le jus.
3. Ajouter les autres ingrédients, mis à part les filets de truite et remuer comme vous le feriez pour une salade. Réserver.
4. Sur votre plan de travail, étendre une feuille de papier d'aluminium et y verser un peu d'huile. Déposer un filet de truite et monter les rebords pour empêcher le jus de la préparation de se vider.
5. Déposer la moitié de la salade sur le poisson et fermer hermétiquement la papillote.
6. Répéter l'opération avec le deuxième filet. Déposer les papillotes sur une plaque à pâtisserie.
7. Deux choix possibles pour la cuisson : mettre les papillotes au four à 180 °C (350 °F) ou sur le BBQ à température moyenne, de 7 à 10 minutes, selon l'épaisseur des filets de poisson.

ASTUCE DE SERVICE

Servir avec notre recette de Salade de saumon fumé, fèves de soya germées, amandes grillées et vinaigrette de pamplemousse rose à l'huile de sésame grillé (voir page 76).

PISTES HARMONIQUES DES LIQUIDES

Fumé blanc, mousseux et champagne, xérès fino et vins rosés sont tous sur le même mode aromatique que les ingrédients de cette papillote – pas du papier d'aluminium, mais des aliments !

ARACHIDE/CACAO

SATAY DE TILAPIA, SAUCE AUX ARACHIDES ET CACAO

ASTUCE AROMATIQUE

Le grillé/rôti du poisson, tout comme celui du bœuf, est sur la même tonalité aromatique que les arachides grillées et le cacao, en moins deux, je me suis dit : « C'est ça ! Il ne manque que le cacao au satay pour que la synergie soit plus grande que nature ! »

INGRÉDIENTS

MARINADE

45 ml (3 c. à soupe) de sauce soya
30 ml (2 c. à soupe) de mélasse
15 ml (1 c. à soupe) de gingembre frais râpé
5 ml (1 c. à thé) d'huile de sésame grillé

4 filets de tilapia, taillés en lanières dans le sens de la longueur

PRÉPARATION

1. **Marinade.** Dans un saladier, mélanger tous les ingrédients.
2. Enrober complètement les lanières de poisson dans la marinade.
3. Coller une pellicule plastique sur la surface de la préparation et déposer au réfrigérateur pour 1 heure.
4. Mettre les piques à tremper dans l'eau au moins une heure avant de faire les brochettes pour qu'elles ne brûlent pas lors de la cuisson.
5. Enfiler les lanières de poisson sur les brochettes égouttées et réserver.
6. Préparer la sauce aux arachides et cacao (voir recette suivante).
7. Préchauffer le BBQ à température moyenne et cuire les brochettes selon la taille des lanières de poisson. Attention de ne pas les surcuire.
8. Servir avec la recette de sauce aux arachides et cacao pour satay.

SAUCE AUX ARACHIDES ET CACAO POUR SATAY

INGRÉDIENTS

45 ml (3 c. à soupe) de miel
15 ml (1 c. à soupe) d'eau
38 ml (2 ½ c. à soupe) de sauce soya
60 ml (¼ tasse) de beurre d'arachides crémeux
5 ml (1 c. à thé) de cacao en poudre
1 pincée de piment chipotle, réduit en poudre (ou plus suivant le goût)

PRÉPARATION

1. Dans une casserole, faire chauffer le miel, l'eau et la sauce soya.
2. Lorsque le mélange frémit, ajouter le reste des ingrédients et refaire chauffer. Réserver au chaud.
3. Servir avec notre recette de satay de tilapia, qui précède celle-ci.

PISTES HARMONIQUES DES LIQUIDES

Nous sommes ici dans l'univers aromatique du grillé/fumé/torréfié, des notes que la réaction de Maillard provoque lors de la cuisson. On trouve ce type de composés volatils aussi dans les bières de fermentation haute, comme les bières brunes extra-fortes, ainsi que dans les chardonnays du Nouveau Monde, de pays chauds, élevés en barriques et sur lies.

BOULETTES DE BURGER AU GOÛT DE MERGUEZ

ASTUCE AROMATIQUE

Comme les merguez sont plus que savoureuses et aromatiquement présentes, nous avons eu l'idée de transposer ce goût dans un burger à base de viande d'agneau. Partant de la piste de la sauce harissa et du pimentón qui entrent dans la composition de la merguez, il est possible de s'amuser à créer une synergie avec d'autres ingrédients, comme les graines de sésame grillées, l'huile de sésame grillé, les tranches de pomme de terre sautées (caramélisées), les fèves de soya germées et les arachides grillées, tous sur la même tonalité que le pimentón et l'harissa. C'est ce que nous vous proposons dans les deux recettes qui suivent celle-ci.

INGRÉDIENTS

900 g (2 lb) d'agneau haché
15 ml (1 c. à soupe) de pimentón fumé
½ oignon rouge, haché finement
2 gousses d'ail, réduites en purée
5 ml (1 c. à thé) d'harissa (ou plus si vous aimez ça fort)
5 ml (1 c. à thé) de fenouil moulu
5 ml (1 c. à thé) de sel fin
45 ml (3 c. à soupe) d'huile d'olive
Pains berbères à la nigelle (disponibles dans les grandes épiceries)

PRÉPARATION

1. Dans un grand saladier, mélanger tous les ingrédients. Couvrir d'un film plastique et laisser reposer au moins 1 heure.
2. Former des boulettes de viande hachée et les déposer sur une assiette.
3. Préchauffer le BBQ et cuire les boulettes.
4. Faire griller des pains berbères à la nigelle et faire les burgers berbères.

PISTES HARMONIQUES DES LIQUIDES

La piste donnée par l'harissa et le pimentón est celle des vins rosés de syrah/grenache/mourvèdre, tout comme des rouges des mêmes cépages, mais servis rafraîchis. D'autant plus que la nigelle des pains berbères dans lesquels nous proposons de les servir calme l'ardeur des tanins des jeunes vins rouges !

AGNEAU/PIMENTÓN FUMÉ/HARISSA/FENOUIL/HUILE DE SÉSAME GRILLÉ

BOULETTES DE BURGER AU GOÛT DE MERGUEZ ET SÉSAME GRILLÉ

ASTUCE AROMATIQUE

Même astuce que pour la précédente recette, tout en créant une plus forte synergie entre les ingrédients avec l'utilisation de l'huile de sésame grillé.

INGRÉDIENTS

900 g (2 lb) d'agneau haché
15 ml (1 c. à soupe) de pimentón fumé
30 ml (2 c. à soupe) de graines de sésame grillé
10 ml (2 c. à thé) d'huile de sésame grillé
½ oignon rouge, haché finement
2 gousses d'ail réduites en purée
5 ml (1 c. à thé) d'harissa (ou plus si vous aimez ça fort)
5 ml (1 c. à thé) de fenouil en poudre
5 ml (1 c. à thé) de sel fin
45 ml (3 c. à soupe) d'huile d'olive
Pains berbères à la nigelle (disponibles dans les grandes épiceries)

PRÉPARATION

1. Dans un grand saladier, mélanger tous les ingrédients. Couvrir d'un film plastique et laisser reposer au moins 1 heure.
2. Former des boulettes de viande hachée et les déposer sur une assiette.
3. Préchauffer le BBQ et cuire les boulettes.
4. Faire griller les pains berbères à la nigelle et faire les burgers berbères.

PISTES HARMONIQUES DES LIQUIDES

La présence de l'huile de sésame grillé permet de servir les mêmes types de vins proposés pour la recette précédente, mais en sélectionnant les cuvées ayant plus longuement séjourné dans le chêne.

AGNEAU/PIMENTÓN FUMÉ/HARISSA/FENOUIL/ARACHIDE RÔTIE

BOULETTES DE BURGER AU GOÛT DE MERGUEZ ET ARACHIDES RÔTIES À SEC

ASTUCE AROMATIQUE

Si vous avez lu les astuces aromatiques des deux précédentes recettes, vous avez compris l'intérêt d'incorporer des arachides rôties à ces boulettes!

INGRÉDIENTS

900 g (2 lb) d'agneau haché
15 ml (1 c. à soupe) de pimentón fumé
½ oignon rouge, haché finement
2 gousses d'ail réduites en purée
5 ml (1 c. à thé) d'harissa (ou plus si vous aimez ça fort)
5 ml (1 c. à thé) de fenouil en poudre
60 ml (¼ de tasse) d'arachides grillées à sec et concassées
5 ml (1 c. à thé) de sel fin
45 ml (3 c. à soupe) d'huile d'olive
Pains berbères à la nigelle (disponibles dans les grandes épiceries)

PRÉPARATION

1. Dans un grand saladier, mélanger tous les ingrédients. Couvrir d'un film plastique et laisser reposer au moins 1 heure.
2. Former des boulettes de viande hachée et les déposer sur une assiette.
3. Préchauffer le BBQ et cuire les boulettes.
4. Faire griller les pains berbères à la nigelle et faire les burgers berbères.

PISTES HARMONIQUES DES LIQUIDES

Ici, vous pouvez même oser servir un sauvignon blanc, ayant été élevé en barrique de chêne, tout comme un fumé blanc. La présence des arachides rôties, ainsi que du pimentón, du fenouil et de l'harissa résonne avec ce type de vin blanc, et ce, même si l'agneau est la viande utilisée.

BIÈRE NOIRE/BOUILLON DE BŒUF/GIROFLE/MÉLASSE/ANIS ÉTOILÉ

BOUT DE CÔTES DE BŒUF

ASTUCE AROMATIQUE

Mettant en scène des ingrédients sur la piste du bœuf, des vins élevés dans le chêne et sur celle du sotolon, un composé aromatique dominant dans la mélasse et le bouillon de bœuf, cette recette de bout de côtes est d'une richesse inouïe. Elle s'ajoute aux autres recettes de côtes levées publiées dans les tomes 1 et 3 de cette collection.

INGRÉDIENTS

3,6 kg (8 lb) de bout de côtes de bœuf, séparés individuellement
2 bières noires à l'avoine McAuslan
500 ml (2 tasses) de bouillon de bœuf
1 bâton de cannelle
6 clous de girofle
125 ml (½ tasse) de mélasse
15 ml (1 c. à soupe) de gros sel

2 anis étoilés
Eau (quantité suffisante pour couvrir)

PRÉPARATION

1. Dans une casserole d'une bonne largeur (pour ne pas que les morceaux de bœuf se superposent), déposer les morceaux de viande.
2. Verser tous les ingrédients et ajouter de l'eau pour bien recouvrir la viande.
3. Porter à ébullition et écumer. Baisser le feu et faire frémir 2 à 3 heures, selon la taille des morceaux. La viande doit être très tendre et commencer à se détacher des os.
4. Égoutter les bouts de côtes et les lustrer avec la sauce BBQ au bourbon (voir page 196). Laisser mariner au réfrigérateur pendant une nuit.
5. Le lendemain, les faire cuire sur le BBQ à température moyenne, jusqu'à ce qu'elles soient caramélisées.

N'hésitez pas à les lustrer le plus souvent possible avec la sauce.
Bon appétit.

PISTES HARMONIQUES DES LIQUIDES

La piste est ici très large, jouant sur l'osmose de trois familles aromatiques. Privilégiez les bières noires ou les vins rouges élevés en barriques de chêne, notamment les cuvées espagnoles dominées par la garnacha (le grenache).

PERSIL/CUMIN/CORIANDRE FRAÎCHE

BROCHETTES DE KEFTA D'AGNEAU

ASTUCE AROMATIQUE

Partant de cette première version, disons presque classique, dominée par l'agneau bien sûr, mais aussi par l'ensemble persil/cumin/coriandre, il est possible de créer quelques variations, comme nous l'avons fait dans les trois recettes qui suivent celle-ci.

INGRÉDIENTS

450 g (1 lb) d'agneau haché
½ oignon jaune, haché finement
3 ml (1 ½ c. à thé) de gingembre moulu
5 ml (1 c. à thé) de cumin moulu
125 ml (½ tasse) de persil plat haché finement
60 ml (¼ tasse) de coriandre hachée finement
5 ml (1 c. à thé) de curcuma moulu

PRÉPARATION

1. Dans un grand saladier, mélanger tous les ingrédients jusqu'à consistance homogène.
2. Former des boudins de la taille d'une merguez et les enfiler sur des piques à brochettes.
3. Faire griller sur le BBQ, en prenant soin de garder les keftas juteux, donc de ne pas trop les cuire.

PISTES HARMONIQUES DES LIQUIDES

La présence de l'agneau et des épices, plus particulièrement du gingembre et du curcuma, donne le ton pour servir un rouge dominé par le grenache, complété soit par le tempranillo, comme chez les espagnols, soit par le duo syrah/mourvèdre, pour les français du Rhône et du Midi.

GINGEMBRE FRAIS/CURCUMA/MENTHE FRAÎCHE

BROCHETTES DE KEFTA D'AGNEAU AU GINGEMBRE

ASTUCE AROMATIQUE

Pour cette variation, nous avons choisi le gingembre frais et créé la synergie en y ajoutant du curcuma, de la menthe fraîche et du Tabasco.

INGRÉDIENTS

450 g (1 lb) d'agneau haché
½ oignon jaune, haché finement
15 ml (1 c. à soupe) de gingembre frais râpé
60 ml (¼ tasse) de menthe hachée finement
5 ml (1 c. à thé) de curcuma moulu
Quelques gouttes de Tabasco (au goût)

PRÉPARATION

1. Dans un grand saladier, mélanger tous les ingrédients jusqu'à consistance homogène.
2. Former des boudins de la taille d'une merguez et les enfiler sur des piques à brochettes
3. Faire griller sur le BBQ, en prenant soin de garder les keftas juteux, donc de ne pas trop les cuire.

PISTES HARMONIQUES DES LIQUIDES

Le trio gingembre/curcuma/Tabasco nous conduit sur la piste des vins blancs de cépage aromatique comme le gewurztraminer, ce qui inclut les muscats et malvasia de ce monde.

CUMIN/CORIANDRE FRAÎCHE/FENOUIL/MENTHE FRAÎCHE/PERSIL

BROCHETTES DE KEFTA D'AGNEAU EN MODE ANISÉ

ASTUCE AROMATIQUE

Pour cette troisième version, nous avons uniquement utilisé des ingrédients de la famille des anisés.

INGRÉDIENTS

450 g (1 lb) d'agneau haché
½ oignon jaune, haché finement
8 ml (1 ½ c. à thé) de gingembre moulu
5 ml (1 c. à thé) de cumin moulu
125 ml (½ tasse) de persil plat haché finement
60 ml (¼ de tasse) de coriandre hachée finement
10 feuilles de menthe, hachées finement
5 ml (1 c. à thé) de graines de fenouil moulues

PRÉPARATION

1. Dans un grand saladier, mélanger tous les ingrédients jusqu'à consistance homogène.
2. Former des boudins de la taille d'une merguez et les enfiler sur des piques à brochettes
3. Faire griller sur le BBQ, en prenant soin de garder les keftas juteux, donc de ne pas trop les cuire.

PISTES HARMONIQUES DES LIQUIDES

Les anisés, même si l'agneau est présent, s'acoquinent avec un sauvignon blanc de noble terroir, qu'il soit de Sancerre, de Pouilly-Fumé ou de Menetou-Salon. L'essayer, c'est l'adopter !

POIVRE/OLIVE NOIRE

BROCHETTES DE KEFTA D'AGNEAU À L'OLIVE NOIRE ET POIVRE

ASTUCE AROMATIQUE

Il fallait aussi une version avec olive noire et poivre, car ces deux ingrédients sont directement en lien aromatique avec l'agneau !

INGRÉDIENTS

450 g (1 lb) d'agneau haché
½ oignon jaune, haché finement

15 ml (1 c. à soupe) de tapenade d'olives noires
3 ml (½ c. à thé) de café soluble
3 ml (½ c. à soupe) de poivre noir fraîchement moulu

PRÉPARATION

1. Dans un grand saladier, mélanger tous les ingrédients jusqu'à consistance homogène.
2. Former des boudins de la taille d'une merguez et les enfiler sur des piques à brochettes
3. Faire griller sur le BBQ, en prenant soin de garder les keftas juteux, donc de ne pas trop les cuire.

PISTES HARMONIQUES DES LIQUIDES

Qui dit poivre et olive noire dit syrah/shiraz. Laquelle ? Celle que vous préférez !

CARDAMOME/GINGEMBRE FRAIS/SAUGE/ROMARIN

BROCHETTES DE KEFTA D'AGNEAU AU ROMARIN ET CARDAMOME

ASTUCE AROMATIQUE

Enfin, le quatuor cardamome /gingembre/sauge/romarin crée aussi une forte synergie camphrée avec l'agneau.

INGRÉDIENTS

450 g (1 lb) d'agneau haché
½ oignon jaune, haché finement
30 ml (2 c. à soupe) de romarin frais haché
1 pincée de cardamome verte réduite en poudre
15 ml (1 c. à soupe) de gingembre frais râpé
10 feuilles de sauge, hachées finement
5 ml (1 c. à thé) de curcuma moulu

PRÉPARATION

1. Dans un grand saladier, mélanger tous les ingrédients jusqu'à consistance homogène.
2. Former des boudins de la taille d'une merguez et les enfiler sur des piques à brochettes.
3. Faire griller sur le BBQ, en prenant soin de garder les keftas juteux, donc de ne pas trop les cuire.

PISTES HARMONIQUES DES LIQUIDES

La piste camphrée/boisée du romarin et de ses aliments complémentaires donne deux choix. Soit un blanc de riesling, soit un rouge du Midi, à base de grenache/syrah/mourvèdre, qui embaume la garrigue et le camphre.

CORIANDRE FRAÎCHE/PERSIL/PIMENTÓN

BROCHETTES DE PORC À LA MEXICAINE

ASTUCE AROMATIQUE

Ma passion pour le Mexique et sa cuisine ancestrale, à l'origine de la fondation de la cuisine espagnole, m'a conduit à développer avec Stéphane quelques créations d'inspiration mexicaine. Ce qui est le cas de ces cinq variations sur le thème de la brochette de porc où règne l'esprit aromatique du pays de Pancho Villa.

INGRÉDIENTS

MARINADE

Jus d'un citron jaune
60 ml (4 c. à soupe) d'huile d'olive
1 oignon rouge haché finement
30 ml (2 c. à soupe) de pimentón
½ bouquet de persil plat, haché
½ bouquet de coriandre fraîche, haché finement
Sel
Tabasco ou autre sauce piquante

BROCHETTES

675 g (1 ½ lb) de rôti de porc dans l'échine (moins sec), taillé en cubes

PRÉPARATION

1. **Marinade.** Dans un grand saladier, mélanger tous les ingrédients de la marinade. Assaisonner de sel et de sauce piquante.
2. Ajouter la viande et bien l'enrober. Couvrir d'une pellicule plastique et mettre au réfrigérateur pendant au moins 3 heures.
3. **Brochettes.** Préchauffer le BBQ à chaleur moyenne. Enfiler les morceaux de porc marinés sur des brochettes et cuire en les tournant régulièrement et en les badigeonnant de marinade pour les lustrer.

PISTES HARMONIQUES DES LIQUIDES

La présence du porc et des herbes et épices, plus particulièrement de la coriandre fraîche, du persil et du pimentón, donne le ton pour servir un blanc élevé en barrique, à base de sauvignon blanc, de fumé blanc ou de verdejo (appellation Rueda, Espagne). Un rouge de syrah, tout en fraîcheur et en fruit, est aussi de mise.

BROCHETTES DE PORC ET MELON D'EAU À LA MEXICAINE

ASTUCE AROMATIQUE

Comme la piste de la précédente recette est donnée par le trio coriandre fraîche/persil/pimentón, de même famille que le melon d'eau, et que ce fruit estival est l'un des plus consommé au Mexique – les petits enfants mexicains raffolent au retour de l'école de morceaux de melon d'eau mélangés dans un sac plastique avec du paprika, proche parent du pimentón –, il ne restait qu'à marier le tout pour une grande synergie aromatique. D'autant plus qu'il n'est pas rare au Mexique de voir des morceaux de melon d'eau grillés accompagnés des plats de fajitas de crevettes et de porc.

INGRÉDIENTS

MARINADE

Jus d'un citron jaune
60 ml (4 c. à soupe) d'huile d'olive
1 oignon rouge haché finement
225 g (½ lb) de cubes de melon d'eau
30 ml (2 c. à soupe) de pimentón
½ bouquet de persil plat, haché
½ bouquet de coriandre, haché finement
Sel
Tabasco ou autre sauce piquante

BROCHETTES

675 g (1 ½ lb) de rôti de porc dans l'échine (moins sec), taillé en cubes

PRÉPARATION

1. **Marinade.** Dans un autre saladier, mélanger tous les ingrédients de la marinade. Assaisonner de sel et de sauce piquante.
2. Ajouter la viande et bien l'enrober. Couvrir d'une pellicule plastique et mettre au réfrigérateur pendant au moins 3 heures.
3. **Brochettes.** Préchauffer le BBQ à chaleur moyenne. Enfiler les morceaux de porc marinés sur des brochettes en alternant avec les cubes de melon d'eau et cuire en les tournant régulièrement et en les badigeonnant de marinade pour les lustrer.

PISTES HARMONIQUES DES LIQUIDES

Mêmes pistes que la précédente recette, avec, en plus, vos vins rosés préférés, servis plus frais que froids.

CREVETTE/PERSIL/PIMENTÓN/CORIANDRE FRAÎCHE

BROCHETTES DE PORC ET CREVETTES À LA MEXICAINE

ASTUCE AROMATIQUE

Comme la piste des deux précédentes recettes est donnée par le trio coriandre fraîche/persil/pimentón, il ne manquait que la crevette pour magnifier la synergie, étant de même famille que ce trio. Ce qui donne une brochette « terre et mer » !

INGRÉDIENTS

MARINADE

Jus d'un citron jaune
60 ml (4 c. à soupe) d'huile d'olive
1 oignon rouge, haché finement
30 ml (2 c. à soupe) de pimentón
½ bouquet de persil plat, haché
½ bouquet de coriandre, haché finement
Sel
Tabasco ou autre sauce piquante

BROCHETTES

675 g (1 ½ lb) de rôti de porc dans l'échine (moins sec), taillé en cubes
340 g (¾ lb) de crevettes crues décortiquées

PRÉPARATION

1. **Marinade.** Dans un grand saladier, mélanger tous les ingrédients de la marinade. Assaisonner de sel et de sauce piquante.
2. Ajouter la viande et bien l'enrober. Couvrir d'une pellicule plastique et mettre au réfrigérateur pendant au moins 3 heures.
3. **Brochettes.** Préchauffer le BBQ à chaleur moyenne. Enfiler les morceaux de porc marinés sur des brochettes en alternant avec les crevettes. Cuire en les tournant régulièrement et en les badigeonnant de marinade pour les lustrer.

PISTES HARMONIQUES DES LIQUIDES

Exactement les mêmes choix harmoniques de liquides que pour les deux précédentes recettes.

CREVETTE/PERSIL/PIMENTÓN/CORIANDRE FRAÎCHE

BROCHETTES DE CREVETTES À LA MEXICAINE

ASTUCE AROMATIQUE

Si vous lisez l'astuce aromatique de la recette précédente, vous comprendrez que si vous ne voulez pas de viande il suffit de retirer le porc.

INGRÉDIENTS

MARINADE

Jus d'un citron jaune
60 ml (4 c. à soupe) d'huile d'olive
1 oignon rouge, haché finement
30 ml (2 c. à soupe) de pimentón
½ bouquet de persil plat, haché
½ bouquet de coriandre, haché finement
Sel
Tabasco ou autre sauce piquante

BROCHETTES

450 g (1 lb) de crevettes crues décortiquées

PRÉPARATION

1. **Marinade.** Dans un saladier, mélanger tous les ingrédients de la marinade. Assaisonner de sel et de sauce piquante.
2. Ajouter les crevettes et bien les enrober. Couvrir d'une pellicule plastique et mettre au réfrigérateur pendant au moins 3 heures.
3. **Brochettes.** Préchauffer le BBQ à chaleur vive. Enfiler les crevettes marinées sur des brochettes. Cuire en les tournant régulièrement et en les badigeonnant de marinade pour les lustrer.

PISTES HARMONIQUES DES LIQUIDES

Optez pour les vins rosés de l'été, tout comme pour les blancs de sauvignon blanc, de fumé blanc et de verdejo (appellation Rueda, Espagne), sans oublier les vins mousseux. Large choix? Eh oui, c'est ça la zone de confort pour tous que permet la science aromatique des aliments et des vins proposée par le livre *Papilles et Molécules*.

BROCHETTES DE POULET AU MIEL ET PÂTE DE CURRY

ASTUCE AROMATIQUE

Le poulet au miel, la sauce soya et le curry étant sur la même piste aromatique, nous avons transformé cette recette pour lui donner plus de « oumf » aromatique ! Cannelle, girofle et érable pourraient être vos choix, soit dit en passant.

INGRÉDIENTS

MARINADE

90 ml (6 c. à soupe) de sauce soya
90 ml (6 c. à soupe) de miel
10 ml (2 c. à thé) de pâte de curry jaune, douce
1 gousse d'ail, hachée
30 ml (2 c. à soupe) d'huile d'olive

BROCHETTES

4 poitrines de poulet, sans os ni peau et taillées en cubes
2 poivrons jaunes, taillés en morceaux
2 gros oignons blancs, épluchés et taillés en gros morceaux

PRÉPARATION

1. **Marinade.** Dans un grand saladier, mélanger au fouet la sauce soya, le miel, la pâte de curry, l'ail et l'huile d'olive.
2. Déposer la moitié de la marinade dans un contenant hermétique, pour lustrer les brochettes lors de la cuisson.
3. Dans le saladier, ajouter les cubes de poulet et bien les enduire de marinade. Couvrir d'une pellicule plastique et placer au réfrigérateur pendant au moins 3 heures.
4. **Brochettes.** Préchauffer le BBQ à chaleur moyenne.
5. Enfiler le poulet en alternant avec l'oignon et le poivron. Déposer les brochettes sur la grille. À l'aide d'un pinceau, les enduire de la marinade conservée et les retourner le plus souvent possible, pour obtenir une cuisson uniforme.
6. Cuire de 15 à 20 minutes selon la taille des cubes de poulet.

PISTES HARMONIQUES DES LIQUIDES

En saison estivale, rien de mieux qu'une bonne bière, non ? Alors, optez pour une brune extra-forte, qui ne fait qu'un avec le trio curry/miel/sauce soya. Ce à quoi répond aussi un champagne de quelques années de bouteille, un vin jaune du Jura ou encore un cocktail à base de rhum brun, comme l'abordable Original Dark Superior El Dorado, allongé de ginger beer Fever-Tree ou de ginger ale.

PORC/SAUCE SOYA/MIEL DE SARRASIN/CASSONADE/
BOUILLON DE BŒUF

CÔTES LEVÉES DE PORC AU CARAMEL DE MIEL DE SARRASIN ET SAUCE SOYA

ASTUCE AROMATIQUE

La sauce soya, le bouillon de bœuf, le miel de sarrasin, la cassonade ont en commun un composé aromatique dominant, le sotolon (qui est le sujet d'un des chapitres du livre *Papilles et Molécules*). La viande de porc, est quant à elle, riche en lactones, lesquels sont de la même famille que le sotolon. Enfin, le clou de girofle, lui, est l'épice de la barrique de chêne, laquelle est également riche en lactones et en sotolon. « Tous sont dans tout ! »

INGRÉDIENTS

2 sections de côtes levées de dos
30 ml (2 c. à soupe) d'huile de canola
15 ml (1 c. à soupe) de beurre
2 oignons jaunes moyens, hachés finement
5 gousses d'ail, hachées
2 clous de girofle
45 ml (3 c. à soupe) de cassonade
Bouillon de bœuf
60 ml (1/4 tasse) de gingembre frais râpé

MARINADE

15 ml (1 c. à soupe) de miel de sarrasin
45 ml (3 c. à soupe) de sauce soya
45 ml (3 c. à soupe) de sauce de poisson (noc-mâm)

PRÉPARATION

1. **La veille.** Précuire les sections dans une casserole d'eau bouillante pendant 45 minutes. Réserver et laisser refroidir.
2. **Marinade.** Dans un saladier, mélanger le miel, la sauce soya et le nuoc-mâm.
3. Tailler les sections précuites et refroidies en côtes individuelles, les déposer dans un sac en plastique à glissière de genre Ziplock et y verser la marinade. Fermer et remuer pour que tous les morceaux soient imprégnés de la marinade. Laisser mariner quelques heures.
4. Dans une grande cocotte, faire chauffer l'huile et le beurre. Y faire blondir les oignons et l'ail. Ajouter les clous de girofle et la cassonade, puis faire caraméliser sans cesser de remuer. Verser la marinade et un peu de bouillon de bœuf.
5. Sortir les côtes de la marinade, en conservant celle-ci, et les faire colorer sur tous les côtés dans une poêle. Réserver.
6. Remettre les côtes dans la sauce caramel et porter à ébullition. Laisser cuire environ 30 minutes à feu doux pour que la sauce épaississe. Ajouter le gingembre et cuire encore 5 minutes. Déguster.

PISTES HARMONIQUES DES LIQUIDES

Étant une création unissant des ingrédients de trois familles aromatiques « proches parentes », la zone de confort harmonique est ici évidemment très large. Privilégiez les vins blancs, à base de roussanne ou de chardonnay, qu'ils soient du Midi ou du Nouveau Monde, ayant séjourné en barriques de chêne. Aussi, les bières brunes extra-fortes, le xérès amontillado, les vieux champagnes, certains sakés, le vin jaune et les vieux rhums bruns de Guyana.

PORC/THÉ NOIR FUMÉ/SAUCE SOYA/MIEL DE SARRASIN/
CASSONADE/BOUILLON DE BŒUF

CÔTES LEVÉES DE PORC AU THÉ NOIR FUMÉ, CARAMEL DE MIEL DE SARRASIN ET SAUCE SOYA

ASTUCE AROMATIQUE

Ici, question de magnifier un peu plus la synergie aromatique entre les ingrédients, nous avons ajouté du thé noir fumé lapsang souchong lors de la précuisson de la viande dans l'eau bouillante. Le résultat est plus grand que la somme des parties !

INGRÉDIENTS

2 sections de côtes levées de dos
4 ml (¾ c. à thé) de thé noir fumé lapsang souchong réduit en poudre
30 ml (2 c. à soupe) d'huile de canola
15 ml (1 c. à soupe) de beurre
2 oignons jaunes moyens, hachés finement
5 gousses d'ail, hachées
2 clous de girofle
45 ml (3 c. à soupe) de cassonade
Bouillon de bœuf
60 ml (¼ tasse) de gingembre frais râpé

MARINADE
15 ml (1 c. à soupe) de miel de sarrasin
45 ml (3 c. à soupe) de sauce soya
45 ml (3 c. à soupe) de sauce de poisson (noc-mâm)

PRÉPARATION

1. **La veille.** Précuire les sections dans une casserole d'eau bouillante pendant 45 minutes. Ajouter le thé hors du feu. Réserver et laisser refroidir.
2. **Marinade.** Dans un saladier, mélanger le miel, la sauce soya et le nuoc-mâm.

3. Tailler les sections précuites et refroidies en côtes individuelles, les déposer dans un sac en plastique à glissière de genre Ziplock et y verser la marinade. Fermer et remuer pour que tous les morceaux soient imprégnés de la marinade. Laisser mariner quelques heures.
4. Dans une grande cocotte, faire chauffer l'huile et le beurre. Y faire blondir les oignons et l'ail. Ajouter les clous de girofle, la cassonade, puis faire caraméliser sans cesser de remuer. Verser la marinade et un peu de bouillon de bœuf.
5. Sortir les côtes de la marinade, en conservant celle-ci, et les faire colorer sur tous les côtés dans une poêle. Réserver.
6. Remettre les côtes dans la sauce caramel et porter à ébullition. Laisser cuire environ 30 minutes à feu doux pour que la sauce épaississe. Ajouter le gingembre et cuire encore 5 minutes. Déguster.

PISTES HARMONIQUES DES LIQUIDES

Les mêmes choix harmoniques que pour la précédente recette, tout en sélectionnant des cuvées qui ont du punch, tant au nez qu'en bouche. Les vins au profil oxydatif plus marqué sont aussi à privilégier, ce qui inclut les vins blancs de quelques années de bouteilles, les vieux champagnes, le vin jaune et le xérès amontillado.

PORC/LAIT DE COCO/SAUCE SOYA/MIEL DE SARRASIN/
CASSONADE/BOUILLON DE BŒUF

CÔTES LEVÉES DE PORC AU LAIT DE COCO, CARAMEL DE MIEL DE SARRASIN ET SAUCE SOYA

ASTUCE AROMATIQUE

Comme nous l'avons fait pour notre précédente recette au thé noir fumé, question de magnifier un peu plus la synergie aromatique entre les ingrédients, nous avons ajouté du lait de coco lors de la précuisson de la viande dans l'eau bouillante. La noix de coco est l'ingrédient complémentaire par excellence de la viande de porc.

INGRÉDIENTS

2 sections de côtes levées de dos
1 boîte de lait de coco
30 ml (2 c. à soupe) d'huile de canola
15 ml (1 c. à soupe) de beurre
2 oignons jaunes moyens, hachés finement
5 gousses d'ail, hachées
2 clous de girofle
45 ml (3 c. à soupe) de cassonade
Bouillon de bœuf
60 ml (¼ tasse) de gingembre frais râpé

MARINADE
15 ml (1 c. à soupe) de miel de sarrasin
45 ml (3 c. à soupe) de sauce soya
45 ml (3 c. à soupe) de sauce de poisson (noc-mâm)

PRÉPARATION

1. **La veille.** Précuire les sections dans une casserole d'eau bouillante additionnée du lait de coco pendant 45 minutes. Réserver et laisser refroidir.
2. **Marinade.** Dans un saladier, mélanger le miel, la sauce soya et le nuoc-mâm.
3. Tailler les sections précuites et refroidies en côtes individuelles, les déposer un sac en plastique à glissière de genre Ziplock et y verser la marinade. Fermer et remuer pour que tous les morceaux soient imprégnés de la marinade. Laisser mariner quelques heures.
4. Dans une grande cocotte, faire chauffer l'huile et le beurre. Y faire blondir les oignons et l'ail. Ajouter les clous de girofle, la cassonade et la faire caraméliser sans cesser de remuer. Verser la marinade et un peu de bouillon de bœuf.
5. Sortir les côtes de la marinade, en conservant celle-ci, et les faire colorer sur tous les côtés dans une poêle. Réserver.
6. Déposer les côtes dans la sauce caramel et porter à ébullition. Laisser cuire environ 30 minutes à feu doux pour que la sauce épaississe. Ajouter le gingembre et cuire encore 5 minutes. Déguster.

PISTES HARMONIQUES DES LIQUIDES

La noix de coco est sur la piste aromatique des vins élevés en barriques de chêne, qu'ils soient blancs, à base de roussanne ou de chardonnay, provenant de régions chaudes, ou rouges, à base de pinot noir (du Nouveau Monde) ou de grenache (du Midi ou d'Espagne).

PORC/CURRY/SAUCE SOYA/MIEL DE SARRASIN/
CASSONADE/BOUILLON DE BŒUF

CÔTES LEVÉES DE PORC AU CARAMEL DE CURRY, MIEL DE SARRASIN ET SAUCE SOYA

ASTUCE AROMATIQUE

Le curry est en lien aromatique direct avec les aliments des deux précédentes recettes de côtes levées de porc.

INGRÉDIENTS

2 sections de côtes levées de dos
30 ml (2 c. à soupe) d'huile de canola
15 ml (1 c. à soupe) de beurre
2 oignons jaunes moyens hachés finement

5 gousses d'ail hachées
2 clous de girofle
45 ml (3 c. à soupe) de cassonade
Bouillon de bœuf
60 ml (¼ tasse) de gingembre frais râpé

MARINADE
15 ml (1 c. à soupe) de miel de sarrasin
8 ml (1 ½ c. à thé) de curry en poudre
45 ml (3 c. à soupe) de sauce soya
45 ml (3 c. à soupe) de sauce de poisson (noc-mâm)

PRÉPARATION

1. **La veille.** Précuire les sections dans une casserole d'eau bouillante pendant 45 minutes. Réserver et laisser refroidir.
2. **Marinade.** Dans un saladier, mélanger le miel, le curry, le clou de girofle, la sauce soya et le nuoc-mâm.
3. Tailler les sections précuites et refroidies en côtes individuelles, les déposer dans un sac en plastique à glissière de genre Ziplock et y verser la marinade. Fermer et remuer pour que tous les morceaux soient imprégnés de la marinade. Laisser mariner quelques heures.
4. Dans une grande cocotte, faire chauffer l'huile et le beurre. Y faire blondir les oignons et l'ail. Ajouter les clous de girofle, la cassonade, puis faire caraméliser sans cesser de remuer. Verser la marinade et un peu de bouillon de bœuf.
5. Sortir les côtes de la marinade, en conservant celle-ci, et les faire colorer sur tous les côtés dans une poêle. Réserver.
6. Remettre les côtes dans la sauce caramel et porter à ébullition. Laisser cuire environ 30 minutes à feu doux pour que la sauce épaississe. Ajouter le gingembre et cuire encore 5 minutes. Déguster.

PISTES HARMONIQUES DES LIQUIDES

Qui dit curry dit vin jaune du Jura, ainsi que tous les vins blancs de roussanne et de chardonnay, provenant de régions chaudes et élevés en barriques de chêne. Auxquels s'ajoutent les bières brunes extra-fortes de microbrasseries québécoises.

JOUES DE BŒUF AU VIN ROUGE

ASTUCE AROMATIQUE

Avec cette première de trois recettes, nous avons suivi la piste du vin rouge, pour parfumer les joues avec de la cannelle, du girofle et de l'anis étoilé.

INGRÉDIENTS

1 bouteille de vin rouge
1 gros oignon jaune, émincé
2 carottes, taillées en rondelles
3 gousses d'ail, dégermées
5 clous de girofle
1 anis étoilé
1 petit bâton de cannelle
4 joues de bœuf
Sel, poivre
Farine
90 g (3 oz) de lard salé, taillé en cubes
30 ml (2 c. à soupe) d'huile d'olive
15 ml (1 c. à soupe) de beurre
15 ml (1 c. à soupe) de cassonade
125 ml (½ tasse) de jeune banyuls ou porto ruby/lbv
Bouillon de bœuf

PRÉPARATION

1. Dans un grand saladier, verser le vin rouge, les légumes et les épices, et y déposer les joues de bœuf. Couvrir d'une pellicule plastique et réserver au réfrigérateur pour une douzaine d'heures.
2. Le lendemain, égoutter la viande et les légumes, et réserver le jus.
3. Saler, poivrer et fariner uniformément les joues et les faire colorer, dans une poêle, dans l'huile et le beurre. Les déposer dans une grande casserole en fonte émaillée.
4. Dans la même poêle, faire revenir le lard et les légumes sans coloration. Ajouter la cassonade et cuire quelques minutes pour la faire fondre. Déposer sur les joues. Déglacer la poêle avec le banyuls et y ajouter le jus de la marinade. Faire bouillir et verser sur les joues.
5. Mouiller jusqu'à la hauteur des joues avec le bouillon de bœuf et porter à ébullition. Couvrir et cuire au four pendant 3 h à 150 °C (300 °F).
6. Déguster.

PISTES HARMONIQUES DES LIQUIDES

Nous avons suivi la piste aromatique des vins rouges dominés par la syrah, ainsi que ceux élevés dans le chêne. Ce qui vous offre une large zone de confort harmonique, avec tous les vins de syrah et de shiraz, ayant été élevés en barriques, ainsi que de tous les vins d'assemblage grenache/syrah/mourvèdre, qu'ils soient du Midi ou du Nouveau Monde.

CHOCOLAT/BŒUF/VIN ROUGE

JOUES DE BŒUF AU VIN ROUGE LIÉES AU CHOCOLAT

ASTUCE AROMATIQUE

Le chocolat noir étant sur la même piste aromatique que les arômes résultant de la réaction de Maillard (effet de la cuisson des viandes), il fallait créer la synergie avec la viande de bœuf. D'autant plus que les sauces liées au chocolat (spécialement avec le lièvre) existent depuis plus de 200 ans.

INGRÉDIENTS

1 bouteille de vin rouge
1 gros oignon jaune, émincé
2 carottes, taillées en rondelles
3 gousses d'ail, dégermées
5 clous de girofle
1 anis étoilé
1 petit bâton de cannelle
4 joues de bœuf
Farine
Sel, poivre
90 g (3 oz) de lard salé, taillé en cubes
30 ml (2 c. à soupe) d'huile d'olive
15 ml (1 c. à soupe) de beurre
15 ml (1 c. à soupe) de cassonade
125 ml (½ tasse) de banyuls ou porto
Bouillon de bœuf
25 g (¾ oz) de chocolat noir non sucré

PRÉPARATION

1. Dans un grand saladier, verser le vin rouge, les légumes et les épices, et y déposer les joues de bœuf. Couvrir d'une pellicule plastique et réserver au réfrigérateur pour une douzaine d'heures.
2. Le lendemain, égoutter la viande et les légumes, et réserver le jus.

3. Saler, poivrer et fariner uniformément les joues et les faire colorer, dans une poêle, dans l'huile et le beurre. Les déposer dans une grande casserole en fonte émaillée.
4. Dans la même poêle, faire revenir le lard et les légumes sans coloration. Ajouter la cassonade et cuire quelques minutes pour la faire fondre. Déposer sur les joues. Déglacer avec le banyuls et y ajouter le jus de la marinade. Faire bouillir et verser sur les joues.
5. Mouiller jusqu'à la hauteur des joues avec le bouillon de bœuf et porter à ébullition. Couvrir et cuire au four pendant 3 h à 150 °C (300 °F).
6. Retirer les joues de bœuf du four et lier le jus en faisant fondre le chocolat hors du feu. Remettre les joues dans la casserole et servir.

PISTES HARMONIQUES DES LIQUIDES

L'univers aromatique des parfums résultant de la réaction de Maillard (arômes qui apparaissent lorsque la viande est fortement grillée/rôtie) se trouve dans les vins élevés en barriques. Plus particulièrement ceux de régions ou de pays chauds, riches en saveurs umami, comme le sont généralement les rouges d'assemblage grenache/syrah/mourvèdre (GSM), du Nouveau Monde ou du Midi, ce qui inclut les vins de Châteauneuf-du-Pape et de Priorat, sans oublier les rouges de primitivo (Italie) et de zinfandel (Californie).

BIÈRE BRUNE/BŒUF

JOUES DE BŒUF À LA BIÈRE BRUNE

ASTUCE AROMATIQUE

Au lieu de choisir le vin rouge comme piste aromatique, nous avons choisi la bière brune, qui, elle aussi, dégage des parfums résultant de la réaction de Maillard (voir explications à la recette précédente).

INGRÉDIENTS

1 bouteille (341 ml) de bière brune extra-forte
1 gros oignon jaune, émincé
2 carottes, taillées en rondelles
3 gousses d'ail, dégermées
5 clous de girofle
1 anis étoilé
1 petit bâton de cannelle
4 joues de bœuf
Farine
Sel, poivre
90 g (3 oz) de lard salé, taillé en cubes
30 ml (2 c. à soupe) d'huile d'olive
15 ml (1 c. à soupe) de beurre
15 ml (1 c. à soupe) de cassonade

125 ml (½ tasse) de banyuls âgé ou de porto tawny
Bouillon de bœuf

PRÉPARATION

1. Dans un grand saladier, verser la bière, les légumes et les épices, et y déposer les joues de bœuf. Couvrir d'une pellicule plastique et réserver au réfrigérateur pour une douzaine d'heures.
2. Le lendemain, égoutter la viande et les légumes, et réserver le jus.
3. Saler, poivrer et fariner uniformément les joues et les faire colorer, dans une poêle, dans l'huile et le beurre. Les déposer dans une grande casserole en fonte émaillée.
4. Dans la même poêle, faire revenir le lard et les légumes sans coloration. Ajouter la cassonade et cuire quelques minutes pour la faire fondre. Déposer sur les joues. Déglacer avec le banyuls et y ajouter le jus de la marinade. Faire bouillir et verser sur les joues.
5. Mouiller jusqu'à la hauteur des joues avec le bouillon de bœuf et porter à ébullition. Couvrir et cuire au four pendant 3 h à 150 °C (300 °F).
6. Déguster.

PISTES HARMONIQUES DES LIQUIDES

Bien sûr, la bière brune extra-forte est de mise ! Laquelle ? La même utilisée dans la recette. À moins d'aimer les sensations fortes et d'opter pour un rhum brun de Guyana, comme le 12 ans d'âge d'El Dorado.

ANETH/ANIS ÉTOILÉ/CÉLERI/CORIANDRE FRAÎCHE/PERSIL

WATERZOOI DE POULET EN MODE ANISÉ

ASTUCE AROMATIQUE

Ce plat est une spécialité belge, plus précisément flamande, originaire de la charmante ville de Gand. Il s'agit de poulet poché dans un court-bouillon de légumes, à base de céleri et de persil, des aliments à goût anisé. Il suffisait d'augmenter la dose de ce type d'aliments (avec coriandre fraîche, aneth et anis étoilé) pour magnifier le profil anisé de ce plat traditionnel, dont la sauce est habituellement liée avec crème et jaunes d'œuf. Notez que vous pouvez remplacer le poulet par du poisson. Depuis que j'ai découvert ce plat, en 1990, chez nos amis flamands d'Anvers (Collette et Érik, qui le préparent à merveille), il m'est resté sur les papilles.

INGRÉDIENTS

1 poulet fermier coupé en 8 morceaux
Sel
15 ml (1 c. à soupe) d'huile d'olive
15 ml (1 c. à soupe) de beurre salé
2 branches de céleri, coupées en tronçons

6 carottes jaunes, taillées en rondelles épaisses
2 oignons jaunes, moyens, taillés en 8
2 gousses d'ail, fendues en 2 et dégermées
750 ml (3 tasses) de bouillon de volaille maison
1 étoile d'anis étoilé, entière
2 jaunes d'œufs
250 ml (1 tasse) de crème 35 %
15 ml (1 c. à soupe) d'aneth haché
15 ml (1 c. à soupe) de coriandre hachée

PRÉPARATION

1. Dans une grande casserole en fonte, colorer les morceaux de poulet assaisonnés sur tous les côtés, dans l'huile et le beurre.
2. Ajouter les légumes et faire cuire quelques minutes. Verser le bouillon de volaille et ajouter l'anis étoilé.
3. Couvrir et laisser mijoter de 40 à 45 minutes, ou suivant la taille des morceaux de poulet.
4. Retirer les morceaux de poulet et les légumes du bouillon et les réserver au chaud.
5. Juste avant de servir, amener le bouillon à ébullition. Dans un petit bol, fouetter les jaunes d'œufs dans la crème. Saler.
6. Hors du feu, verser le mélange de crème/œufs dans le bouillon, et toutes les herbes aromatiques.
7. Redéposer les morceaux de poulet et les légumes dans la casserole.
   Ne pas refaire bouillir, car les jaunes d'œufs cuiraient et cela donnerait une texture grumeleuse.
8. Rectifier l'assaisonnement en sel et servir aussitôt.

PISTES HARMONIQUES DES LIQUIDES

Les ingrédients à goût anisé sont sur la même tonalité aromatique que les vins blancs de sauvignon blanc, et qui dit sauvignon blanc dit aussi fumé blanc, verdejo, greco di Tufo, cortese du gavi, garganega, romorantin et chenin blanc. Mais, n'en déplaise aux Belges, je recommande également une bière de type india pale ale, une catégorie de bière anglaise… *Shoking!* Ah oui, tant qu'à être multiculturel, sachez qu'un thé vert sencha ou gyokuru est aussi sur cette piste aromatique « belge »…

PASTIS/ANETH/ANIS ÉTOILÉ/CÉLERI/CORIANDRE FRAÎCHE/PERSIL

WATERZOOI DE POULET AU PASTIS

ASTUCE AROMATIQUE

Des aliments à goût anisé de la précédente recette au pastis, encore plus anisé, il n'y avait qu'un pas que j'ai « dégusté » to the go.

INGRÉDIENTS

1 poulet fermier coupé en 8 morceaux
Sel
15 ml (1 c. à soupe) d'huile d'olive
15 ml (1 c. à soupe) de beurre salé
2 branches de céleri, coupées en tronçons
6 carottes jaunes, taillées en rondelles épaisses
2 oignons jaunes, moyens, taillés en 8
2 gousses d'ail, fendues en 2 et dégermées
15 ml (1 c. à soupe) de pastis
750 ml (3 tasses) de bouillon de volaille maison
250 ml (1 tasse) de crème 35 %
15 ml (1 c. à soupe) d'aneth haché
15 ml (1 c. à soupe) de coriandre hachée
2 jaunes d'œufs
Sel

PRÉPARATION

1. Dans une grande casserole de fonte, colorer les morceaux de poulet assaisonnés sur tous les côtés, dans l'huile et le beurre.
2. Ajouter les légumes et faire cuire quelques minutes. Déglacer avec le pastis et verser le bouillon de volaille.
3. Couvrir et laisser mijoter de 40 à 45 minutes, ou suivant la taille des morceaux de poulet.
4. Retirer les morceaux de poulet et les légumes du bouillon et les réserver au chaud.
5. Juste avant de servir, amener le bouillon à ébullition. Dans un petit bol, fouetter les jaunes d'œufs dans la crème fraîche. Saler.
6. Hors du feu, verser le mélange de crème/œufs dans le bouillon et toutes les herbes aromatiques.
7. Redéposer les morceaux de poulet et les légumes dans la casserole. Ne pas refaire bouillir, car les jaunes cuiraient et cela donnerait une texture grumeleuse.
8. Rectifier l'assaisonnement en sel et servir aussitôt.

PISTES HARMONIQUES DES LIQUIDES

Les mêmes harmonies liquides que pour le précédent waterzooi, avec en prime un pastis allongé d'eau.

RHUM BRUN/BANANE/GINGEMBRE FRAIS/GIROFLE

BEIGNETS AUX BANANES ET RHUM BRUN EL DORADO

ASTUCE AROMATIQUE

Girofle, rhum brun et gingembre sont des ingrédients sur la même piste aromatique que la banane, d'où l'idée de les assembler pour cette recette de beignets façon Papilles. Nous vous avons aussi concocté une 2e version plus épicée, avec du piment de la Jamaïque, qui est aussi sur le mode aromatique du girofle. Enfin, n'hésitez pas à les servir accompagnés d'un coulis de mangue (au piment de la Jamaïque), car la mangue est aussi sur cette piste.

INGRÉDIENTS

200 g (1 2/3 tasse) de farine
5 ml (1 c. à thé) de poudre à lever
30 ml (2 c. à soupe) de cassonade
1 œuf entier
190 ml (3/4 tasse) de lait 3,25 %
30 ml (2 c. à soupe) de rhum brun Original Dark Superior El Dorado
15 ml (1 c. à thé) de gingembre frais râpé
1 pincée de clou de girofle moulu
3 bananes mûres, coupées en 2 sur la longueur
Huile végétale pour la friture

PRÉPARATION

1. Dans un saladier, tamiser ensemble la farine, la poudre à lever et la cassonade.
2. Déposer l'œuf au centre et verser petit à petit le lait en mélangeant au fouet pour éviter les grumeaux.
3. Ajouter le rhum, le gingembre et le clou. Mélanger et réserver.
4. Faire chauffer l'huile dans une casserole ou une friteuse.
5. Plonger les bananes dans la pâte à frire et les déposer délicatement dans le bain d'huile chaude jusqu'à ce qu'elles soient dorées.

PISTES HARMONIQUES DES LIQUIDES

Du rhum brun bien sûr ! Lesquels ? Ceux de la maison El Dorado font des flammèches avec ce dessert, servez-les nature ou allongé de ginger beer Fever-Tree. Une bière est aussi éclatante, plus particulièrement la bière Aventinus Wheat Doppelbock Bière Forte Rousse, Schneider Weisse, Allemagne (SAQ-366088), qui, à cause de son mode de fermentation, est marquée par des parfums de banane et de girofle. Ah oui, vous voulez du vin ? Le sauternes, idéalement de quelques années de bouteilles, sera votre ami...

RHUM BRUN/BANANE/GINGEMBRE/PIMENT DE LA JAMAÏQUE

BEIGNETS AUX BANANES, RHUM BRUN EL DORADO ET PIMENT DE LA JAMAÏQUE

ASTUCE AROMATIQUE

Comme je l'explique dans la précédente recette, le piment de la Jamaïque résonne sur le même mode aromatique que le girofle, tout comme la banane, le gingembre et le rhum brun.

INGRÉDIENTS

200 g (1 2/3 tasse) de farine
5 ml (1 c. à thé) de poudre à lever
30 ml (2 c. à soupe) de cassonade
1 œuf entier
190 ml (¾ tasse) de lait 3,25 %
30 ml (2 c. à soupe) de rhum brun Original Dark Superior El Dorado
2 pincées de piment de la Jamaïque réduit moulu
3 bananes mûres, coupées en 2 sur la longueur
Huile végétale pour la friture

PRÉPARATION

1. Dans un saladier, tamiser ensemble la farine, la poudre à lever et la cassonade.
2. Déposer l'œuf au centre et verser petit à petit le lait en mélangeant au fouet pour éviter les grumeaux.
3. Ajouter le rhum et le piment de la Jamaïque. Mélanger et réserver.
4. Faire chauffer l'huile dans une casserole ou une friteuse.
5. Plonger les bananes dans la pâte à frire et les déposer délicatement dans le bain d'huile chaude jusqu'à ce qu'elles soient dorées.

PISTES HARMONIQUES DES LIQUIDES

Mêmes suggestions que pour la précédente recette dominée par le girofle, à quoi vous pouvez ajouter un madère bual ou malsey.

BIÈRE WHEAT DOPPELBOCK /BANANE/GINGEMBRE FRAIS/GIROFLE

BEIGNETS AUX BANANES À LA BIÈRE AVENTINUS

ASTUCE AROMATIQUE

Lors de la création des deux précédentes recettes, dominées par le girofle et le piment de la Jamaïque, sur la même tonalité que la banane, le gingembre et le rhum brun, je me suis dit que ce serait pas mal de remplacer le rhum par de la bière pour faire un clin d'œil à la tempura japonaise... Alors, voici notre beignet en mode tempura à la bière Aventinus Wheat Doppelbock (SAQ-366088), une bière marquée par des parfums de banane et de girofle, lesquels participent à la forte synergie aromatique entre tous les ingrédients de même famille de cette recette.

INGRÉDIENTS

200 g (1 2/3 tasse) de farine
5 ml (1 c. à thé) de poudre à lever
30 ml (2 c. à soupe) de cassonade
1 œuf entier
125 ml (1/2 tasse) de lait 3,25 %
60 ml (1/4 de tasse) de bière Aventinus Wheat Doppelbock
5 ml (1 c. à thé) de gingembre frais, râpé
1 pincée de clou de girofle moulu
3 bananes mûres, coupées en 2 sur la longueur
Huile végétale pour la friture

PRÉPARATION

1. Dans un saladier, tamiser ensemble la farine, la poudre à lever et la cassonade.
2. Déposer l'œuf au centre et verser petit à petit le lait et la bière en mélangeant au fouet pour éviter les grumeaux.
3. Ajouter le gingembre et le clou. Mélanger et réserver.
4. Faire chauffer l'huile dans une casserole ou une friteuse.
5. Plonger les bananes dans la pâte à frire et les déposer délicatement dans le bain d'huile chaude jusqu'à ce qu'elles soient dorées.

PISTES HARMONIQUES DES LIQUIDES

La bière utilisée dans la friture de cette recette, soit l'Aventinus Wheat Doppelbock Bière Forte Rousse, Schneider Weisse, Allemagne (SAQ-366088). Un rhum brun, comme l'Original Dark Superior de la maison El Dorado fera aussi des éclats, tant nature qu'allongé de ginger beer Fever-Tree.

BISCUITS AU CHOCOLAT SUPER FASTOCHE

ASTUCE AROMATIQUE

Un hommage bien mérité aux hallucinants biscuits choco du comptoir alimentaire Fastoche à Québec (sandwicheriefastoche.com), tenu par Jasmine, la douce de Stéphane Modat. Partant de cette recette « parfaitement gourmande », vous pouvez aussi la varier avec certains aliments complémentaires au chocolat noir, comme c'est la poire, la banane et la sauce soya, à la manière de notre tout aussi délirante recette de pain aux bananes (publiée dans le tome 1 *Automne* de cette collection en quatre volumes, p. 208).

INGRÉDIENTS

75 g (3/8 tasse) de beurre
335 g (12 oz) de chocolat noir
250 ml (1 tasse) de cassonade
3 œufs
90 g (3/4 tasse) de farine
15 ml (3 c. à thé) de poudre à lever
335 g (12 oz) des pépites de chocolat noir

PRÉPARATION

1. Préchauffer le four à 180 °C (350 °F).
2. Dans un bain-marie, faire fondre le beurre et le chocolat.
3. Dans un bol, blanchir au fouet la cassonade et les œufs.
4. Mélanger les deux appareils au fouet.
5. Tamiser ensemble la farine et la poudre à lever, et incorporer au premier appareil.
6. Ajouter les pépites de chocolat et laisser l'appareil refroidir un peu.
7. Façonner à la main des boulettes de 3 c. à soupe et les déposer au réfrigérateur pour les durcir.
8. Déposer les boulettes sur une plaque à biscuits recouverte d'un papier sulfurisé et cuire 11 minutes.
9. Laisser tempérer avant de déguster.

PISTES HARMONIQUES DES LIQUIDES

Ici, la synergie entre le chocolat noir et le... chocolat noir (!) donne la piste à suivre : celle des vins doux naturels non muscatés ayant séjourné longuement en fût, comme c'est le cas de certaines cuvées de banyuls, de rivesaltes et de maury – qui, en passant, sont trois appellations du Roussillon, berceau de naissance de mon complice Stéphane Modat. Ainsi, l'osmose entre les biscuits de sa femme et les vins de sa région natale est plus que parfaite ! Difficile d'être plus aromatiquement terroir.

BROWNIES AU CHOCOLAT

ASTUCE AROMATIQUE

Nombreux sont les aliments complémentaires au chocolat noir, comme l'anis étoilé, le café et la cannelle, l'amaretto, le safran et la lavande. Vous pourriez vous amuser avec d'autres aliments de même famille que le chocolat noir, comme la cerise, l'abricot, la barbe à papa, l'asperge verte, les noix grillées, la figue fraîche, le bois de rose, la menthe, les agrumes ou le thé Earl Grey. Nous vous proposons ici, les brownies en cinq versions.

INGRÉDIENTS

300 g (10 oz) de chocolat à 70 %
250 g (1 tasse) de beurre salé
350 g (1 ¾ tasse) de sucre
200 g (1 ⅔ tasse) de farine
5 œufs
250 g (9 oz) de noix de Grenoble

PRÉPARATION

1. Préchauffer le four à 180 °C (350 °F).
2. Dans un bain-marie, faire fondre, le chocolat et le beurre.
3. Retirer le bain-marie du feu et, à l'aide d'un fouet, ajouter le sucre et la farine. Ajouter les œufs un à un en fouettant encore, puis les noix de Grenoble.
4. Verser le mélange dans un moule carré recouvert d'un papier sulfurisé beurré.
5. Cuire environ 25 minutes ou jusqu'à ce qu'un cure-dent inséré au centre du gâteau en ressorte sec.
6. Laisser refroidir dans le moule pendant 1 à 2 heures.

PISTES HARMONIQUES DES LIQUIDES

Le duo noix de Grenoble et chocolat noir conduit sur la piste des vins légèrement oxydatifs, comme les vins de xérès de type amontillado et oloroso, ainsi que les portos de type tawny, de 10 ans d'âge et plus, sans oublier certains madères, comme le bual et le malmsey. Aussi, le vin santo développe souvent ce type d'arômes oxydatifs.

BROWNIES AU CHOCOLAT ET THÉ EARL GREY

ASTUCE AROMATIQUE

Le thé Earl Grey, parfumé à la bergamote, laquelle est un agrume, apporte des tonalités zestées et florales au chocolat noir, créant ainsi une sensuelle synergie avec les notes florales et d'agrumes souvent présentes dans le chocolat noir.

INGRÉDIENTS

300 g (10 oz) de chocolat à 70 %
8 ml (1 ½ c. à thé) de thé Earl Grey réduit en poudre
250 g (1 tasse) de beurre salé
350 g (1 ¾ tasse) de sucre
200 g (1 ⅔ tasse) de farine
5 œufs
250 g (9 oz) de noix de Grenoble

PRÉPARATION

1. Préchauffer le four à 180 °C (350 °F).
2. Dans un bain-marie, faire fondre, le chocolat et le beurre.
3. Retirer le bain-marie du feu et, à l'aide d'un fouet, ajouter le sucre et la farine. Ajouter les œufs un à un en fouettant encore, puis les noix de Grenoble.
4. Verser le mélange dans un moule carré recouvert d'un papier sulfurisé beurré.
5. Cuire environ 25 minutes ou jusqu'à ce qu'un cure-dent inséré au centre du gâteau en ressorte sec.
6. Laisser refroidir dans le moule pendant 1 à 2 heures.

PISTES HARMONIQUES DES LIQUIDES

La présence du thé Earl Grey permet ici, même si le chocolat est noir, le service d'un sauvignon blanc late harvest (vendange tardive). Sauvignon et bergamote (Earl Grey) sont aromatiquement liés.

GRIOTTE/CHOCOLAT NOIR

BROWNIES AU CHOCOLAT ET GRIOTTES

ASTUCE AROMATIQUE

L'explication aromatique de la Cherry Blossom ! Eh oui, ces deux là, la cerise, particulièrement la griotte, et le chocolat, sont nés pour s'unir.

INGRÉDIENTS

300 g (10 oz) de chocolat à 70 %
250 g (1 tasse) de beurre salé
350 g (1 ¾ tasse) de sucre
200 g (1 ⅔ tasse) de farine
5 œufs
180 g (6 oz) de griottes au sirop égouttées et bien asséchées

PRÉPARATION

1. Préchauffer le four à 180 °C (350 °F).
2. Dans un bain-marie, faire fondre, le chocolat et le beurre.
3. Retirer le bain-marie du feu et, à l'aide d'un fouet, ajouter le sucre et la farine. Ajouter les œufs un à un en fouettant encore, puis les griottes.
4. Verser le mélange dans un moule carré recouvert d'un papier sulfurisé beurré.
5. Cuire environ 25 minutes ou jusqu'à ce qu'un cure-dent inséré au centre du gâteau en ressorte sec.
6. Laisser refroidir dans le moule pendant 1 à 2 heures.

PISTES HARMONIQUES DES LIQUIDES

Assurément et aveuglément un barolo chinato! Aveuglément c'est-à-dire servir les yeux fermés, car scientifiquement ce vin particulier du Piémont a tous les atouts pour s'unir aromatiquement à la cerise et au chocolat noir.

ABRICOT SÉCHÉ/CHOCOLAT NOIR

BROWNIES AU CHOCOLAT ET ABRICOTS SÉCHÉS

ASTUCE AROMATIQUE

L'abricot séché est également sur la piste aromatique du chocolat noir, comme tous les ingrédients des précédentes recettes.

INGRÉDIENTS

300 g (10 oz) de chocolat à 70 %
250 g (1 tasse) de beurre salé
350 g (1 ¾ tasse) de sucre
200 g (1 ⅔ tasse) de farine
5 œufs
250 g (9 oz) d'abricots séchés, taillés en dés

PRÉPARATION

1. Préchauffer le four à 180 °C (350 °F).
2. Dans un bain-marie, faire fondre le chocolat et le beurre.

3. Retirer le bain-marie du feu et, à l'aide d'un fouet, ajouter le sucre et la farine. Ajouter les œufs un à un en fouettant encore, puis les abricots.
4. Verser le mélange dans un moule carré recouvert d'un papier sulfurisé beurré.
5. Cuire environ 25 minutes ou jusqu'à ce qu'un cure-dent inséré au centre du gâteau en ressorte sec.
6. Laisser refroidir dans le moule pendant 1 à 2 heures.

PISTES HARMONIQUES DES LIQUIDES

L'abricot étant sur la piste des vins longuement élevés en barriques, optez pour un tawny 20 ans et plus, un madère bual, tout comme un sauternes de quelques années de bouteille et un tokaji aszù hongrois.

FIGUE SÉCHÉE/CHOCOLAT NOIR

BROWNIES AU CHOCOLAT ET FIGUES SÉCHÉES

ASTUCE AROMATIQUE

J'ai personnellement un faible pour la synergie créée par l'union de la figue séchée au chocolat noir.

INGRÉDIENTS

300 g (10 oz) de chocolat à 70 %
250 g (1 ¼ tasse) de beurre salé
350 g (1 ½ tasse) de sucre
200 g (1 ¾ tasse) de farine
5 œufs
150 g (5 oz) de noix de Grenoble torréfiées
100 g (4 oz) de figues séchées, taillées en dés

PRÉPARATION

1. Préchauffer le four à 180 °C (350 °F).
2. Dans un bain-marie, faire fondre le chocolat et le beurre.
3. Retirer le bain-marie du feu et, à l'aide d'un fouet, ajouter le sucre et la farine. Ajouter les œufs un à un en fouettant encore, puis les noix de Grenoble et les figues.
4. Verser le mélange dans un moule carré recouvert d'un papier sulfurisé beurré.
5. Cuire environ 25 minutes ou jusqu'à ce qu'un cure-dent inséré au centre du gâteau en ressorte sec.
6. Laisser refroidir dans le moule pendant 1 à 2 heures.

PISTES HARMONIQUES DES LIQUIDES

Madère, madère et madère ! C'est que la figue séchée explose littéralement en présence d'un madère, spécialement ceux de type bual et malmsey. Porto tawny 10 ans et plus ainsi que xérès amontillado sont aussi sur la même piste harmonique.

CANNELLE/CIDRE DE GLACE/SUCRE CUIT

CARAMEL AU CIDRE DE GLACE «POUR CIDRE DE GLACE»

ASTUCE AROMATIQUE

Voilà un caramel que vous voudrez étendre partout ! Dont sur nos quatre recettes de gâteau au fromage. Mais sachez qu'il est pensé sur la piste aromatique des cidres de glace du Québec, donc qu'il est un condiment de liaison harmonique entre vos desserts et vos cidres de glace.

INGRÉDIENTS

60 ml (¼ tasse) de sucre
60 ml (¼ tasse) de cidre de glace
190 ml (¾ tasse) de crème 35 %
15 ml (1 c. à soupe) de beurre salé
Une petite pincée de cannelle

PRÉPARATION

1. Dans une casserole, verser le sucre et le cidre de glace. Porter à ébullition et cuire à feu moyen jusqu'à ce que la couleur et la texture ressemblent au caramel doré.
2. Ajouter le beurre et la crème.
3. Faire cuire quelques minutes pour obtenir une belle texture onctueuse.
4. Réserver dans un contenant hermétique au réfrigérateur.

PISTES HARMONIQUES DES LIQUIDES

Ai-je besoin de vous faire un dessin ? Bien oui, du cidre de glace, ainsi que du cidre de glace, sans oublier le cidre de glace !

FLAN À LA VANILLE

ASTUCE AROMATIQUE

Comme nous l'avons fait pour la recette de gâteau des anges à la vanille, publiée dans *Papille pour tous ! Printemps*, nous vous proposons de décliner ce flan en de multiples autres pistes aromatiques, toutes inspirées de la route originelle de la vanille. Nous avons donc créé plusieurs versions avec des ingrédients et des liquides de même famille que la séduisante vanille : café, cacao, amande amère, amaretto, Frangelico, rhum brun et gingembre.

INGRÉDIENTS

3 œufs entiers
80 g (2/5 tasse) de cassonade
75 g (2/3 tasse) de farine
1 gousse de vanille, graines raclées
250 ml (1 tasse) de lait
250 ml (1 tasse) de crème 35 %
15 ml (1 c. à soupe) de rhum brun Original Dark Superior El Dorado

PRÉPARATION

1. Préchauffer le four à 190 °C (375 °F).
2. Dans un saladier, blanchir les œufs et la cassonade. Ajouter la farine et les graines de la gousse de vanille.
3. Dans une casserole, faire bouillir le lait et la crème, déposer la gousse de vanille et laisser infuser quelques minutes.
4. Filtrer le lait sur le mélange d'œufs et amalgamer le tout. Ajouter le rhum.
5. Verser la pâte dans un plat de cuisson beurré et cuire au four sur la grille du milieu environ 30 minutes.
6. Le flan est cuit lorsque la pointe d'un couteau en ressort propre. Laisser refroidir sur le plan de travail.

ASTUCE DE SERVICE

Cette recette est comme un far breton, donc, si vous le désirez, vous pouvez le cuire sur une pâte à tarte et tailler des tranches une fois qu'il sera cuit.

PISTES HARMONIQUES DES LIQUIDES

Si vous êtes de ceux et celles qui se lèvent la nuit pour grignoter... alors, accompagnez ce flan d'un grand verre de lait... de soya à la vanille ! Sinon, la suavité vanillée d'un sauternes, tout comme des vins de même profil, vous fera craquer sur cet aérien flan. Enfin, comme l'une des pistes aromatiques les plus en lien avec la vanille, mis à part le chocolat, est celle du café, osez servir soit un café (idéalement espresso macchiato ou latté) soit une liqueur de café comme l'éclectique Patron X.O., à base de tequila et de café. Un Tia Maria ou un Kahlua ferait aussi le même travail harmonique.

FLAN AU CAFÉ

ASTUCE AROMATIQUE

Comme je l'écris dans les choix de pistes harmoniques des liquides du flan à la vanille, l'une des pistes aromatiques les plus en lien avec la vanille, mis à part le chocolat, est le café. Alors, dans vos recettes où la vanille trône, osez ajouter du café.

INGRÉDIENTS

3 œufs entiers
5 ml (1 c. à thé) de café soluble
80 g (2/5 tasse) de cassonade
75 g (2/3 tasse) de farine
1 gousse de vanille, graines raclées
250 ml (1 tasse) de lait
250 ml (1 tasse) de crème 35 %

PRÉPARATION

1. Préchauffer le four à 190 °C (375 °F).
2. Dans un saladier, blanchir les œufs, le café soluble et la cassonade. Ajouter la farine et les graines de la gousse de vanille.
3. Dans une casserole, faire bouillir le lait et la crème, déposer la gousse de vanille et laisser infuser quelques minutes.
4. Filtrer le lait sur le mélange d'œufs et amalgamer le tout.
5. Verser la pâte dans le plat de cuisson beurré et cuire au four sur la grille du milieu environ 30 minutes.
6. Le flan est cuit lorsque la pointe d'un couteau en ressort propre. Laisser refroidir sur le plan de travail.

ASTUCE DE SERVICE

Cette recette est comme un far breton, donc, si vous le désirez, vous pouvez le cuire sur une pâte à tarte, et tailler des tranches une fois qu'il sera cuit.

PISTES HARMONIQUES DES LIQUIDES

Ici, un lait de sésame fera vibrer le flan au café, puisque celui-ci est sur la même piste aromatique que le sésame, et d'autant plus s'il est grillé. À cette suggestion s'ajoutent toutes celles de la précédente recette.

FLAN AU CACAO

ASTUCE AROMATIQUE

Vanille, café, cacao, mêmes composés aromatiques dominants = même combat !

INGRÉDIENTS

3 œufs entiers
80 g (2/5 tasse) de cassonade
75 g (2/3 tasse) de farine
10 ml (2 c. à thé) de cacao en poudre
3 ml (½ c. à thé) de cannelle moulue
250 ml (1 tasse) de lait
250 ml (1 tasse) de crème 35 %

PRÉPARATION

1. Préchauffer le four à 190 °C (375 °F).
2. Dans un saladier, blanchir les œufs et la cassonade. Ajouter la farine, le cacao et la cannelle.
3. Dans une casserole, faire bouillir le lait et la crème.
4. Filtrer le lait sur le mélange d'œufs et amalgamer le tout.
5. Verser la pâte dans un plat de cuisson beurré et cuire au four sur la grille du milieu environ 30 minutes.
6. Le flan est cuit lorsque la pointe d'un couteau en ressort propre. Laisser refroidir sur le plan de travail.

ASTUCE DE SERVICE

Cette recette est comme un far breton, donc, si vous le désirez, vous pouvez le cuire sur une pâte à tarte, et tailler des tranches une fois qu'il sera cuit.

PISTES HARMONIQUES DES LIQUIDES

Comme le cacao adore entrer en synergie avec le cognac, tout comme avec la liqueur de café et le thé noir fumé lapsang souchong, pourquoi ne pas se concocter notre recette de Coco cognac cocktail (publiée dans la version *Automne* de cette collection), qui est justement à base de ces trois liquides ?! À moins de vous servir un cognac nature, ou un Kahlua allongé de lait ou encore un fumant et pénétrant lapsang souchong ?

FLAN À LA VANILLE ET AMANDES AMÈRES

ASTUCE AROMATIQUE

Ben oui ! L'amande amère aussi est de même tonalité aromatique que la vanille de la recette originelle de ce flan (voir page 150). Et qui dit amande amère dit aussi abricot, pêche et cerise. Donc, n'hésitez pas à accompagner cette version de flan d'une confiture de l'un de ces trois fruits à noyau.

INGRÉDIENTS

3 œufs entiers
80 g (2/5 tasse) de cassonade
75 g (2/3 tasse) de farine
1 gousse de vanille, graines raclées
250 ml (1 tasse) de lait
250 ml (1 tasse) de crème 35 %
Quelques gouttes d'extrait d'amandes amères

PRÉPARATION

1. Préchauffer le four à 190 °C (375 °F).
2. Dans un saladier, blanchir les œufs et la cassonade. Ajouter la farine et les graines de la gousse de vanille.
3. Dans une casserole, faire bouillir le lait et la crème, déposer la gousse de vanille et laisser infuser quelques minutes.
4. Filtrer le lait sur le mélange d'œufs et amalgamer le tout. Ajouter l'extrait d'amandes amères.
5. Verser la pâte dans un plat de cuisson beurré et cuire au four sur la grille du milieu environ 30 minutes.
6. Le flan est cuit lorsque la pointe d'un couteau en ressort propre. Laisser refroidir sur le plan de travail.

ASTUCE DE SERVICE

Cette recette est comme un far breton, donc, si vous le désirez, vous pouvez le cuire sur une pâte à tarte, et tailler des tranches une fois qu'il sera cuit.

PISTES HARMONIQUES DES LIQUIDES

Comme je l'explique en introduction de cette recette, qui dit amande amère dit aussi abricot, pêche et cerise. Alors, osez servir un Bellini (cocktail à base de vin mousseux et de nectar de pêche), tout comme un barolo chinato, qui est un vin de liqueur à base de nebbiolo et d'herbes aromatiques, au goût de cerise amère. Mais un vin doux naturel non muscaté, donc à base de grenache blanc, vieilli, touchera aussi au sublime de la noble amertume de l'amande.

FLAN À LA VANILLE ET AMARETTO

ASTUCE AROMATIQUE

De l'amande amère de la précédente recette, l'idée était toute tracée d'utiliser l'amaretto pour créer cette version.

INGRÉDIENTS

3 œufs entiers
80 g (2/5 tasse) de cassonade
75 g (2/3 tasse) de farine
1 gousse de vanille, graines raclées
250 ml (1 tasse) de lait
250 ml (1 tasse) de crème 35 %
25 ml (1 ½ c. à soupe) d'amaretto

PRÉPARATION

1. Préchauffer le four à 190 °C (375 °F).
2. Dans un saladier, blanchir les œufs et la cassonade. Ajouter la farine et les graines de la gousse de vanille.
3. Dans une casserole, faire bouillir le lait et la crème, déposer la gousse de vanille et laisser infuser quelques minutes.
4. Filtrer le lait sur le mélange d'œufs et amalgamer le tout. Ajouter l'amaretto.
5. Verser la pâte dans un plat de cuisson et cuire au four sur la grille du milieu environ 30 minutes.
6. Le flan est cuit lorsque la pointe d'un couteau en ressort propre. Laisser refroidir sur le plan de travail.

ASTUCE DE SERVICE

Cette recette est comme un far breton, donc, si vous le désirez, vous pouvez le cuire sur une pâte à tarte, et tailler des tranches une fois qu'il sera cuit.

PISTES HARMONIQUES DES LIQUIDES

Exactement les mêmes choix que la précédente recette à l'amande amère.

FLAN À LA VANILLE ET FRANGELICO

ASTUCE AROMATIQUE

Vous me voyez venir maintenant avec mes gros sabots ? De l'amande amère de l'avant-dernière recette à l'amaretto de la précédente, il était clair que nous étions pour utiliser aussi le Frangelico, cette délectable liqueur de noisette !

INGRÉDIENTS

3 œufs entiers
80 g (2/5 tasse) de cassonade
1 gousse de vanille, graines raclées
250 ml (1 tasse) de lait
250 ml (1 tasse) de crème 35 %
75 g (2/3 tasse) de farine
25 ml (1 ½ c. à soupe) de Frangelico

PRÉPARATION

1. Préchauffer le four à 190 °C (375 °F).
2. Dans un saladier, blanchir les œufs et la cassonade. Ajouter la farine et les graines raclées de la gousse de vanille.
3. Dans une casserole, faire bouillir le lait et la crème, déposer la gousse de vanille et laisser infuser quelques minutes.
4. Filtrer le lait sur le mélange d'œufs et amalgamer le tout. Ajouter le Frangelico
5. Verser la pâte dans un plat de cuisson beurré et cuire au four sur la grille du milieu environ 30 minutes.
6. Le flan est cuit lorsque la pointe d'un couteau en ressort propre. Laisser refroidir sur le plan de travail.

ASTUCE DE SERVICE

Cette recette est comme un far breton, donc, si vous le désirez, vous pouvez le cuire sur une pâte à tarte, et tailler des tranches une fois qu'il sera cuit.

PISTES HARMONIQUES DES LIQUIDES

La vanille, liée à la liqueur de noisette du Frangelico, ouvre la voie au tout aussi vanillé et noisetté vin santo italien. Ce à quoi répond avec autant de brio le xérès de type amontillado et oloroso, sans oublier certains madères bual et malsey.

FLAN À LA VANILLE ET VIEUX RHUM EL DORADO

ASTUCE AROMATIQUE

Si l'on remonte les pistes aromatiques de cette série de flans, allant de la noisette à la vanille, en passant par l'amaretto, l'amande amère, le cacao et le café, et que l'on assemble toutes ses saveurs, on obtient quoi ? Bravo ! Vous avez deviné : un vieux rhum brun, comme ceux que l'on déniche en Guyane. Ajoutez du gingembre au moment du service et vous toucherez assurément le nirvana aromatique !

INGRÉDIENTS

3 œufs entiers
80 g (2/5 tasse) de cassonade
75 g (2/3) de farine
1 gousse de vanille, graines raclées
250 ml (1 tasse) de lait
250 ml (1 tasse) de crème 35 %
30 ml (2 c. à soupe) de vieux rhum brun Original Dark Superior El Dorado

PRÉPARATION

1. Préchauffer le four à 190 °C (375 °F).
2. Dans un saladier, blanchir les œufs et la cassonade. Ajouter la farine et les graines de la gousse de vanille.
3. Dans une casserole, faire bouillir le lait et la crème, déposer la gousse de vanille et laisser infuser quelques minutes.
4. Filtrer le lait sur le mélange d'œufs et amalgamer le tout. Ajouter le rhum.
5. Verser la pâte dans un plat de cuisson beurré et cuire au four sur la grille du milieu environ 30 minutes.
6. Le flan est cuit lorsque la pointe d'un couteau en ressort propre. Laisser refroidir sur le plan de travail.

ASTUCE DE SERVICE

Cette recette est comme un far breton, donc, si vous le désirez, vous pouvez le cuire sur une pâte à tarte, et tailler des tranches une fois qu'il sera cuit.

PISTES HARMONIQUES DES LIQUIDES

Assurément votre vieux rhum brun favori, à l'exemple de la gamme El Dorado de Guyana, plus particulièrement les remarquables Original Dark Superior, 12 ans et 21 ans. Et ce, nature ou allongé de ginger beer Fever-Tree. Le nirvana aromatique, je vous le dis !

AMANDE/RHUM BRUN/CANNELLE

FRANGIPANE À LA CANNELLE ET AU RHUM BRUN EL DORADO

ASTUCE AROMATIQUE

Voici une frangipane classique, une crème à base d'amandes, qui rencontre ici un vieux rhum brun de Guyana et de la cannelle, tous deux sur la piste aromatique de l'amande.

INGRÉDIENTS

3 œufs entiers
125 g (½ tasse) de sucre
180 g (6 ½ oz) de poudre d'amandes
150 g (¾ tasse) de beurre salé, fondu au micro-ondes
15 ml (1 c. à soupe) de rhum brun Original Dark Superior El Dorado
5 ml (1 c. à thé) de cannelle moulue
Quelques gouttes d'extrait d'amandes amères

PRÉPARATION

1. Dans un grand saladier, blanchir les œufs et le sucre.
2. Ajouter la poudre d'amandes et mélanger. Ajouter les autres ingrédients.
3. Réserver dans un contenant hermétique au réfrigérateur, pour que le mélange durcisse un peu.

VARIATION EN « GALETTE DES ROIS »

Étaler deux disques de même taille de pâte feuilletée. Mettre de la frangipane au centre de la première. Recouvrir de la deuxième en scellant avec un œuf battu. Dorer la surface de la deuxième. Cuire au four 40 minutes à 180 °C (350 °F).

PISTES HARMONIQUES DES LIQUIDES

Qui dit amande, dit aussi abricot, pêche et cerise. Osez servir un Bellini (cocktail à base de vin mousseux et de nectar de pêche), tout comme un barolo chinato, un vin de liqueur à base de nebbiolo et d'herbes aromatiques, au goût de cerise amère. Mais un vin doux naturel non muscaté, donc à base de grenache blanc, vieilli, touche aussi au sublime de l'amertume de l'amande. Et pourquoi pas un cocktail à base de l'enivrant Rhum Brun Épicé El Dorado ?

AMANDE/RHUM BRUN/GINGEMBRE

FRANGIPANE AU GINGEMBRE ET AU RHUM BRUN EL DORADO

ASTUCE AROMATIQUE

Cette deuxième version de frangipane est inspirée de la précédente, mais nous avons ici remplacé la cannelle par du gingembre, aussi sur la même tonalité.

INGRÉDIENTS

3 œufs entiers
125 g (½ tasse) de sucre
150 g (¾ tasse) de beurre salé, fondu au micro-ondes
180 g (6 ½ oz) de poudre d'amandes
15 ml (1 c. à soupe) de rhum brun Original Dark Superior El Dorado
5 ml (1 c. à thé) de gingembre moulu
Quelques gouttes d'extrait d'amandes amères

PRÉPARATION

1. Dans un grand saladier, blanchir les œufs et le sucre.
2. Ajouter la poudre d'amandes et mélanger. Ajouter les autres ingrédients.
3. Réserver dans un contenant hermétique au réfrigérateur, pour que le mélange durcisse un peu.

VARIATION EN « GALETTE DES ROIS »

Étaler deux disques de même taille de pâte feuilletée. Mettre de la frangipane au centre de la première. Recouvrir de la deuxième en scellant avec un œuf battu. Dorer la surface de la deuxième. Cuire au four 40 minutes à 180 °C (350 °F).

PISTES HARMONIQUES DES LIQUIDES

Assurément votre vieux rhum brun favori, notamment la gamme El Dorado de Guyana, dont les remarquables 5 ans, 12 ans et 21 ans. À boire nature ou allongé de ginger beer Fever-Tree. La synergie gingembre et vieux rhum brun est vibrante comme nulle autre !

AMANDE/CANNELLE/AMARETTO

FRANGIPANE À LA CANNELLE ET À L'AMARETTO

ASTUCE AROMATIQUE

Nous avons ici remplacé le rhum brun des deux précédentes recettes par de l'amaretto. Pas surprenant, cette liqueur italienne étant à base d'amande !

INGRÉDIENTS

3 œufs entiers
125 g (½ tasse) de sucre
180 g (¾ tasse) de poudre d'amandes
150 g (6 ½ oz) de beurre salé, fondu au micro-ondes
8 ml (1 ½ c. à soupe) d'amaretto
5 ml (1 c. à thé) de cannelle moulue

PRÉPARATION

1. Dans un grand saladier, blanchir les œufs et le sucre.
2. Ajouter la poudre d'amandes et mélanger. Ajouter les autres ingrédients.
3. Réserver dans un contenant hermétique au réfrigérateur, pour que le mélange durcisse un peu.

VARIATION EN « GALETTE DES ROIS »

Étaler deux disques de même taille de pâte feuilletée. Mettre de la frangipane au centre de la première. Recouvrir de la deuxième en scellant avec un œuf battu. Dorer la surface de la deuxième. Cuire au four 40 minutes à 180 °C (350 °F).

PISTES HARMONIQUES DES LIQUIDES

Comme je le disais un peu plus haut : qui dit amande, dit aussi abricot, pêche et cerise. Les mêmes suggestions que pour la frangipane à la cannelle et au rhum brun El Dorado (voir page 157).

CÈDRE/ORANGE

GÂTEAU À L'ORANGE ET POUDRE DE JEUNES POUSSES PRINTANIÈRES DE CÈDRE

ASTUCE AROMATIQUE

À partir des composés volatils de l'orange, il est possible de créer de multiples synergies avec les ingrédients qui lui sont complémentaires, comme le Campari, le thé Earl Grey, les graines de coriandre, la courge Butternut, les noix de pin et le miel, sans oublier la poudre de jeunes pousses printanières de cèdre de cette version.

INGRÉDIENTS

GÂTEAU

115 g (1 tasse) de farine tout usage
5 ml (1 c. à thé) de poudre à lever
1 pincée de sel
200 g (1 tasse) de sucre
1 ml (¼ c. à thé) de poudre de cèdre (voir recette page 197, ne pas faire l'étape 7)

1 œuf entier
125 ml (½ tasse) de suprêmes d'orange

SIROP
190 ml (¾ tasse) de cassonade
45 ml (3 c. à soupe) de beurre
45 ml (3 c. à soupe) de lait 3,25 %

PRÉPARATION

1. Préchauffer le four à 175 °C (350 °F).
2. **Gâteau.** Tamiser ensemble la farine, la poudre à lever et le sel.
3. Dans un saladier, mélanger au batteur électrique le sucre, la poudre de cèdre et l'œuf.
4. Ajouter les suprêmes d'orange et le mélange de farine tamisé.
5. Verser le mélange dans un plat carré et déposer au centre du four. Cuire environ 30 minutes.
6. **Sirop.** Dans une petite casserole, faire fondre le beurre, la cassonade et le lait. Verser sur le gâteau après 30 minutes de cuisson. Continuer la cuisson environ 10 minutes.
7. Une fois le glaçage caramélisé et le gâteau cuit, le sortir du four et le laisser refroidir dans le moule.
8. Déguster.

PISTES HARMONIQUES DES LIQUIDES

Le cèdre signe le parfum des bières de type india pale ale, tout comme des vins de riesling, et ce, qu'ils soient secs, demi-secs, de vendange tardive ou de sélection de grains nobles. Peu importe que le vin soit sec ou pas, lorsque la synergie aromatique est au rendez-vous, comme dans le cas de la rencontre cèdre/riesling. Le chanvre étant sur la même piste que le cèdre, vous pourriez aussi opter pour une bière de chanvre.

CAMPARI/ORANGE

GÂTEAU À L'ORANGE ET CAMPARI

ASTUCE AROMATIQUE

Le Campari résonne sur la même tonalité aromatique que l'orange, ce qui explique scientifiquement ce classique qu'est le Campari allongé de jus d'orange appelé Garibaldi.

INGRÉDIENTS

GÂTEAU
115 g (1 tasse) de farine tout usage
5 ml (1 c. à thé) de poudre à lever
1 pincée de sel

200 g (1 tasse) de sucre
1 œuf entier
125 ml (½ tasse) de suprêmes d'orange
25 ml (1 ½ c. à soupe) de Campari
1 ml (¼ c. à thé) de graines de coriandre concassées

SIROP
45 ml (3 c. à soupe) de beurre
190 ml (¾ tasse) de cassonade
45 ml (3 c. à soupe) de lait 3,25 %

PRÉPARATION

1. Préchauffer le four à 175 °C (350 °F).
2. **Gâteau.** Tamiser ensemble la farine, la poudre à lever et le sel.
3. Dans un saladier, mélanger au batteur électrique le sucre et l'œuf.
4. Ajouter les suprêmes d'orange, le Campari, la coriandre et le mélange de farine tamisé.
5. Verser le mélange dans un plat carré et déposer au centre du four. Cuire environ 30 minutes.
6. **Sirop.** Dans une petite casserole, faire fondre le beurre, la cassonade et le lait. Verser sur le gâteau après 30 minutes de cuisson. Continuer la cuisson environ 10 minutes.
7. Une fois le glaçage caramélisé et le gâteau cuit, le sortir du four et le laisser refroidir dans le moule.
8. Déguster.

PISTES HARMONIQUES DES LIQUIDES

Comme je l'explique dans l'astuce aromatique de cette recette, le Campari résonne sur la même tonalité aromatique que l'orange. Vous aurez donc compris qu'il est possible de servir un Garibaldi, ou d'opter pour les mêmes suggestions de vin et de bière que pour la précédente recette.

THÉ EARL GREY/ORANGE

GÂTEAU À L'ORANGE ET THÉ EARL GREY

ASTUCE AROMATIQUE

Le thé Earl Grey est parfumé par la bergamote, un agrume de la même famille aromatique que l'orange, ceci explique cela ! La prochaine fois que vous servirez un thé Earl Grey à vos invités, ajoutez-y un petit zeste d'orange, et, bien sûr, accompagnez-le d'une tranche de ce gâteau !

INGRÉDIENTS

GÂTEAU

115 g (1 tasse) de farine tout usage
5 ml (1 c. à thé) de thé Earl Grey, réduit en poudre
5 ml (1 c. à thé) de poudre à lever
1 pincée de sel
200 g (1 tasse) de sucre
1 œuf entier
125 ml (½ tasse) de suprêmes d'orange

SIROP

190 ml (¾ tasse) de cassonade
45 ml (3 c. à soupe) de beurre
45 ml (3 c. à soupe) de lait 3,25 %

PRÉPARATION

1. Préchauffer le four à 175 °C (350 °F).
2. **Gâteau.** Tamiser ensemble la farine, la poudre de thé, la poudre à lever et le sel.
3. Dans un saladier, mélanger au batteur électrique le sucre et l'œuf.
4. Ajouter les suprêmes d'orange et le mélange de farine tamisé.
5. Verser le mélange dans un plat carré et déposer au centre du four. Cuire environ 30 minutes.
6. **Sirop.** Dans une petite casserole, faire fondre la cassonade, le beurre et le lait. Verser sur le gâteau après 30 minutes de cuisson. Continuer la cuisson environ 10 minutes.
7. Une fois le glaçage caramélisé et le gâteau cuit, le sortir du four et le laisser refroidir dans le moule.
8. Déguster.

PISTES HARMONIQUES DES LIQUIDES

A cup of tea, my dear! Mais pas n'importe lequel : un Earl Grey de bonne famille, avec un zeste d'orange. À moins de vous créer un cocktail à base de thé Earl Grey froid, de Campari et d'orange ? Mais toutes les suggestions des deux précédentes recettes sont aussi valables.

GÂTEAU À L'ORANGE ET GRAINES DE CORIANDRE

ASTUCE AROMATIQUE

Comme pour les trois recettes précédentes et les deux suivantes, j'ai tracé la piste aromatique de l'orange, ce qui a permis d'en créer une multitude qui résonnent sur la même tonalité aromatique que cet agrume quatre saisons. Les ingrédients complémentaires à l'orange sont, entre autres : la graine de coriandre, le thé Earl Grey, le safran, le Campari, la courge Butternut, le miel, la noix de pin et le cèdre.

INGRÉDIENTS

GÂTEAU

115 g (1 tasse) de farine tout usage
1 pincée de sel
5 ml (1 c. à thé) de poudre à lever
200 g (1 tasse) de sucre
1 œuf entier
125 ml (½ tasse) de suprêmes d'orange
3 ml (½ c. à thé) de graines de coriandre concassées

SIROP

45 ml (3 c. à soupe) de lait 3,25 %
45 ml (3 c. à soupe) de beurre
190 ml (¾ tasse) de cassonade

PRÉPARATION

1. Préchauffer le four à 180 °C (350 °F).
2. **Gâteau.** Tamiser ensemble la farine, le sel et la poudre à lever.
3. Dans un saladier, mélanger au batteur électrique le sucre et l'œuf.
4. Ajouter les suprêmes d'oranges, les graines de coriandre concassées et le mélange de farine tamisé.
5. Verser le mélange dans un plat carré et déposer dans le four sur la grille du milieu. Cuire environ 30 minutes.
6. **Sirop.** Dans une petite casserole, faire fondre le lait, le beurre et la cassonade et verser sur le gâteau après 30 minutes de cuisson. Cuire environ 10 minutes.
7. Une fois le glaçage caramélisé et le gâteau cuit, le sortir du four et laisser refroidir.

PISTES HARMONIQUES DES LIQUIDES

L'orange est sur la piste aromatique des vins de muscat, plus particulièrement des cuvées italiennes de l'île de Pantelleria, connues sous la dénomination de passitto di pantelleria. S'ajoutent à ce tableau aromatique les vins de sauternes et équivalents, ainsi que les bières blanches, spécialement celles élaborées au Québec par les excellentes microbrasseries, ainsi que le Campari, ce classique bitter italien, qui exhale à la fois l'orange et les graines de coriandre. Allongez-le de jus d'orange ou de soda ou même de thé Earl Grey glacé !

ORANGE/SAFRAN

GÂTEAU À L'ORANGE ET SAFRAN

ASTUCE AROMATIQUE

Même principe expliqué dans la précédente recette de gâteau à l'orange et graines de coriandre. C'est que le safran résonne sur la même tonalité que l'orange.

INGRÉDIENTS

GÂTEAU

115 g (1 tasse) de farine tout usage
1 pincée de sel
5 ml (1 c. à thé) de poudre à lever
200 g (1 tasse) de sucre
1 œuf entier
125 ml (½ tasse) de suprêmes d'orange
1 pincée de safran

SIROP

45 ml (3 c. à soupe) de lait 3,25 %
45 ml (3 c. à soupe) de beurre
190 ml (¾ tasse) de cassonade

PRÉPARATION

1. Préchauffer le four à 180 °C (350 °F).
2. **Gâteau.** Tamiser ensemble la farine, le sel et la poudre à lever.
3. Dans un saladier, mélanger au batteur électrique le sucre et l'œuf.
4. Ajouter les suprêmes d'oranges, le safran et le mélange de farine tamisé.
5. Verser le mélange dans un plat carré et déposer dans le four sur la grille du milieu. Cuire environ 30 minutes.
6. **Sirop.** Dans une petite casserole, faire fondre le lait, le beurre et la cassonade et verser sur le gâteau après 30 minutes de cuisson. Cuire environ 10 minutes.
7. Une fois le glaçage caramélisé et le gâteau cuit, le sortir du four et laisser refroidir.

PISTES HARMONIQUES DES LIQUIDES

Exactement les mêmes pistes liquides que pour la précédente recette, avec en plus tous les vins demi-secs, doux et liquoreux à base de riesling, ce qui inclut les rieslings « late harvest » du Nouveau Monde. Pourquoi ? Parce que le safran et le riesling, même combat.

ORANGE/NOIX DE PIN/MIEL

GÂTEAU À L'ORANGE, NOIX DE PIN ET MIEL

ASTUCE AROMATIQUE

Qui dit noix de pin et miel dit aussi orange. Pourquoi ? Tout simplement parce qu'ils partagent tous trois des composés volatils les rendant aptes à créer de la synergie aromatique lorsque cuisinés ensemble.

INGRÉDIENTS

GÂTEAU

115 g (1 tasse) de farine tout usage
1 pincée de sel
5 ml (1 c. à thé) de poudre à lever
190 g (¾ tasse) de sucre
1 œuf entier
125 ml (½ tasse) de suprêmes d'orange
60 ml (¼ tasse) de miel
60 ml (¼ tasse) de noix de pin rôties

SIROP

45 ml (3 c. à soupe) de lait 3,25 %
45 ml (3 c. à soupe) de beurre
190 ml (¾ tasse) de cassonade

PRÉPARATION

1. Préchauffer le four à 180 °C (350 °F).
2. **Gâteau.** Tamiser ensemble la farine, le sel et la poudre à lever.
3. Dans un saladier, mélanger au batteur électriquele sucre et l'œuf.
4. Ajouter les suprêmes d'orange, le miel et le mélange de farine tamisé. Ajouter les noix de pin
5. Verser le mélange dans un plat carré et déposer dans le four sur la grille du milieu. Cuire environ 30 minutes.
6. **Sirop.** Dans une petite casserole, faire fondre le lait, le beurre et la cassonade et verser sur le gâteau après 30 minutes de cuisson. Cuire environ 10 minutes.
7. Une fois le glaçage caramélisé et le gâteau cuit, le sortir du four et laisser refroidir.

PISTES HARMONIQUES DES LIQUIDES

Privilégiez les vins de muscat, plus particulièrement des cuvées italiennes de l'île de Pantelleria, connues sous la dénomination de passitto di pantelleria. S'ajoutent à ce tableau aromatique les vins de sauternes et équivalents.

CHOCOLAT NOIR/VANILLE

GÂTEAU SIMPLISSIME AU CHOCOLAT NOIR ET VANILLE AU MICRO-ONDES

ASTUCE AROMATIQUE

À partir de cette recette de base, où la synergie chocolat noir et vanille opère, une multitude d'autres variations sur le thème du chocolat noir sont possibles. Quelques-unes suivent justement cette recette !

INGRÉDIENTS

125 g (4 oz) de chocolat noir (minimum 70 %)
100 g (½ tasse) de beurre
3 œufs entiers
125 ml (½ tasse) de cassonade
15 ml (2 c. à soupe) de yogourt à la vanille
50 g (½ tasse) de farine
5 ml (1 c. à thé) de poudre à lever

PRÉPARATION

1. Faire fondre le chocolat et le beurre au bain-marie.
2. Dans un bol, blanchir les œufs et la cassonade. Ajouter le chocolat fondu et le yogourt.
3. Incorporer, en fine pluie, la farine et la poudre à lever tamisées ensemble.
4. Beurrer 4 ou 6 ramequins individuels, selon la taille, et les fariner pour éviter qu'ils ne collent.
5. Les remplir aux 2/3 et cuire au micro-ondes 1 min 35 s. (Vérifier le temps de cuisson, qui est différent selon la puissance de votre micro-ondes.)
6. Le gâteau est cuit lorsque la pointe d'un couteau en ressort propre et sèche. Démouler et laisser refroidir.

PISTES HARMONIQUES DES LIQUIDES

C'est le royaume des vins doux naturels non muscatés et longuement vieillis, comme le sont les cuvées hors d'âge ou les vieux millésimes des vins d'appellation Banyuls, Maury et Rivesaltes. Les madères de type bual et malmsey abondent aussi dans cette direction. Pour les amoureux du thé, optez pour wulong cuit, un brin fumé.

GÂTEAU SIMPLISSIME AU CHOCOLAT NOIR ET CANNELLE AU MICRO-ONDES

ASTUCE AROMATIQUE

Première variation aromatique, inspirée de la précédente recette. Ici, la cannelle, qui est sur la même piste aromatique que le chocolat noir et la vanille, joue aussi les « sublimateurs » de parfums – car la cannelle, utilisée avec retenue, donne de la prestance et de la persistance aux ingrédients de même famille aromatique qu'elle.

INGRÉDIENTS

125 g (4 oz) de chocolat noir (minimum 70 %)
100 g (½ tasse) de beurre
3 œufs entiers
125 ml (½ tasse) de cassonade
5 ml (1 c. à thé) de cannelle
30 ml (2 c. à soupe) de yogourt à la vanille
50 g (½ tasse) de farine
5 ml (1 c. à thé) de poudre à lever

PRÉPARATION

1. Faire fondre le chocolat et le beurre au bain-marie.
2. Dans un bol, blanchir les œufs, la cassonade et la cannelle. Ajouter le chocolat fondu et le yogourt.
3. Incorporer, en fine pluie, la farine et la poudre à lever tamisées ensemble.
4. Beurrer 4 ou 6 ramequins individuels, selon la taille, et les fariner pour éviter qu'ils ne collent.
5. Les remplir aux ⅔ et cuire au micro-ondes 1 min 35 s. (Vérifier le temps de cuisson, qui est différent selon la puissance de votre micro-ondes.)
6. Le gâteau est cuit lorsque la pointe d'un couteau en ressort propre et sèche. Démouler et laisser refroidir.

PISTES HARMONIQUES DES LIQUIDES

Les mêmes pistes liquides que pour la recette précédente.

GÂTEAU SIMPLISSIME AU CHOCOLAT NOIR ET CAFÉ AU MICRO-ONDES

ASTUCE AROMATIQUE

Le café, comme je l'ai écrit dans quelques recettes des trois précédents tomes de cette collection, est, avec la vanille, l'ingrédient possédant le plus de liens aromatiques avec le chocolat. D'où la grande synergie qui s'opère lorsqu'il est cuisiné avec le cacao.

INGRÉDIENTS

125 g (4 oz) de chocolat noir (minimum 70 %)
100 g (½ tasse) de beurre
3 œufs entiers
125 ml (½ tasse) de cassonade
5 ml (1 c. à thé) de café soluble
30 ml (2 c. à soupe) de yogourt au café
50 g (½ tasse) de farine
5 ml (1 c. à thé) de poudre à lever

PRÉPARATION

1. Faire fondre le chocolat et le beurre au bain-marie.
2. Dans un bol, blanchir les œufs, la cassonade et le café soluble. Ajouter le chocolat fondu et le yogourt.
3. Incorporer, en fine pluie, la farine et la poudre à lever tamisées ensemble.
4. Beurrer 4 ou 6 ramequins individuels, selon la taille, et les fariner pour éviter qu'ils ne collent.
5. Les remplir aux 2/3 et cuire au micro-ondes 1 min 35 s. (Vérifier le temps de cuisson, qui est différent selon la puissance de votre micro-ondes.)
6. Le gâteau est cuit lorsque la pointe d'un couteau en ressort propre et sèche. Démouler et laisser refroidir.

PISTES HARMONIQUES DES LIQUIDES

Le café, tout comme la vanille et le cacao, nous conduit vers des liquides ayant séjourné longuement dans le chêne, comme c'est le cas des types de vins suivants : vin santo, xérès oloroso, madère bual, vins doux naturels non muscatés et vieux (banyuls, maury, rasteau, rivesaltes). S'y ajoutent certaines bières noires un brin fumées, ainsi que le café, bien sûr !

CHOCOLAT NOIR/THÉ NOIR FUMÉ LAPSANG SOUCHONG

GÂTEAU SIMPLISSIME AU CHOCOLAT NOIR ET THÉ NOIR FUMÉ AU MICRO-ONDES

ASTUCE AROMATIQUE

Les notes torréfiées/grillées/rôties/fumées du thé noir fumé lapsang souchong résonnent dans la même clef harmonique que les notes du chocolat noir. Une fois rassemblées, la synergie qui en résulte est plus grande que la somme des parties.

INGRÉDIENTS

125 g (4 oz) de chocolat noir (minimum 70 %)
100 g (½ tasse) de beurre
3 œufs entiers
125 ml (½ tasse) de cassonade
3 ml (½ c. à thé) de thé noir fumé lapsang souchong réduit en poudre
30 ml (2 c. à soupe) de yogourt à la vanille
50 g (½ tasse) de farine
5 ml (1 c. à thé) de poudre à lever

PRÉPARATION

1. Faire fondre le chocolat et le beurre au bain-marie.
2. Dans un bol, blanchir les œufs, la cassonade et le thé noir fumé. Ajouter le chocolat fondu et le yogourt.
3. Incorporer, en fine pluie, la farine et la poudre à lever tamisées ensemble.
4. Beurrer 4 ou 6 ramequins individuels, selon la taille, et les fariner pour éviter qu'ils ne collent.
5. Les remplir aux 2/3 et cuire au micro-ondes 1 min 35 s. (Vérifier le temps de cuisson, qui est différent selon la puissance de votre micro-ondes.)
6. Le gâteau est cuit lorsque la pointe d'un couteau en ressort propre et sèche. Démouler et laisser refroidir.

PISTES HARMONIQUES DES LIQUIDES

Le cacao et le thé noir fumé nous guident vers une bière noire de type porter fumé, un thé noir fumé lapsang souchong, un scotch pur malt (fumé à souhait) ou un tout aussi fumé bourbon américain. Du côté des vins, pour être plus sage, cherchez un mavrodaphne de Patras, qui est un vin doux naturel de Grèce. Et du côté des cocktails, osez un Black Velvet, à base de bière noire et de vin mousseux.

GÂTEAU SIMPLISSIME AU CHOCOLAT NOIR ET ÉRABLE AU MICRO-ONDES

ASTUCE AROMATIQUE

Le sirop d'érable étant né de la cuisson de la sève d'érable, il développe des composés aromatiques torréfiés/grillés/rôtis/fumés à la manière du chocolat noir, d'où leur grande synergie aromatique. Ceci explique cela.

INGRÉDIENTS

125 g (4 oz) de chocolat noir (minimum 70 %)
100 g (½ tasse) de beurre
3 œufs entiers
60 ml (¼ tasse) de cassonade
60 ml (¼ tasse) de sucre d'érable
30 ml (2 c. à soupe) de yogourt à l'érable
50 g (½ tasse) de farine
5 ml (1 c. à thé) de poudre à lever

PRÉPARATION

1. Faire fondre le chocolat et le beurre au bain-marie.
2. Dans un bol, blanchir les œufs, la cassonade et le sucre d'érable. Ajouter le chocolat fondu et le yogourt.
3. Incorporer, en fine pluie, la farine et la poudre à lever tamisées ensemble.
4. Beurrer 4 ou 6 ramequins individuels, selon la taille, et les fariner pour éviter qu'ils ne collent.
5. Les remplir aux 2/3 et cuire au micro-ondes 1 min 35 s. (Vérifier le temps de cuisson, qui est différent selon la puissance de votre micro-ondes.)
6. Le gâteau est cuit lorsque la pointe d'un couteau en ressort propre et sèche. Démouler et laisser refroidir.

PISTES HARMONIQUES DES LIQUIDES

Large est ici le choix : bière brune extra-forte, porto tawny, xérès oloroso, madère bual, cidre de glace (de quelques années), vieux rhum brun de Guyane...

GÂTEAU AU FROMAGE AU SAFRAN

ASTUCE AROMATIQUE

Comme je l'écris dans la version *Printemps* de cette collection, dans laquelle nous présentons quatre versions de gâteau au fromage, ce succulent dessert est un terrain de jeu aromatique plus que fertile. Nous avons donc récolté quelques nouvelles idées estivales pour les aficionados de ce grand classique new-yorkais. Safran et fromage, voilà un duo-choc, qui surprendra les amateurs de gâteau au fromage. Comme le safran est l'une des pistes aromatiques des cidres de glace, servez ce gâteau baigné de notre délirante recette de caramel de cidre de glace « pour cidre de glace » (voir page 149).

INGRÉDIENTS

CROÛTE DE TARTE

500 ml (2 tasses) de chapelure de biscuits Graham
60 ml (¼ tasse) de beurre fondu

GÂTEAU AU FROMAGE

5 ml (1 c. à thé) de safran en pistils
750 g (3 paquets) de fromage à la crème ramolli
150 g (¾ tasse) de sucre
190 ml (¾ tasse) de yogourt nature
3 œufs entiers

PRÉPARATION

1. Préchauffer le four à 160 °C (325 °F).
2. **Croûte.** Dans un bol, mélanger la chapelure et le beurre. Presser dans le fond d'un moule à charnière.
3. **Gâteau au fromage.** Avec la pointe de couteau, écraser le safran pour obtenir une poudre.
4. Dans un saladier, fouetter le fromage à la crème, le sucre et la poudre de safran, jusqu'à ce que le mélange soit bien lisse. Ajouter le yogourt.
5. Ajouter les œufs, un à la fois, en fouettant doucement.
6. Verser le mélange dans la croûte à tarte. Enfourner et cuire 45 minutes. Lorsque le gâteau est ferme au centre, le sortir et passer une lame de couteau le long de la paroi du moule. Le démouler une fois qu'il sera froid.
7. Servir avec un caramel au cidre de glace « pour cidre de glace » (voir page 149).

PISTES HARMONIQUES DES LIQUIDES

Quoi d'autre qu'un cidre de glace du Québec ?!

GÂTEAU AU FROMAGE À LA CANNELLE

ASTUCE AROMATIQUE

La cannelle. Ah, la cannelle ! Je sais, pour certains, « pus capable », pour d'autres « à la folie ». Quoi qu'il en soit, elle rehausse un gâteau au fromage comme pas une autre épice ! Et, avec l'orange et l'érable, elle crée un vibrant trio, comme dans notre autre recette où ces trois ingrédients sont réunis.

INGRÉDIENTS

CROÛTE

500 ml (2 tasses) de chapelure de biscuits Graham
5 ml (1 c. à thé) de cannelle moulue
60 ml (¼ tasse) de beurre fondu

GÂTEAU AU FROMAGE

750 g (3 paquets) de fromage à la crème ramolli
190 ml (¾ tasse) de cassonade
190 ml (¾ tasse) de yogourt grec
45 ml (3 c. à soupe) de sirop d'érable
5 ml (1 c. à thé) de cannelle moulue
3 œufs entiers

PRÉPARATION

1. Préchauffer le four à 160 °C (325 °F).
2. **Croûte.** Dans un bol, mélanger la chapelure, la cannelle et le beurre. Presser dans le fond d'un moule à charnière.
3. **Gâteau au fromage.** Dans un saladier, fouetter le fromage à la crème et la cassonade, jusqu'à ce que le mélange soit bien lisse. Ajouter le yogourt, le sirop d'érable et la cannelle.
4. Ajouter les œufs, un à la fois, en fouettant doucement.
5. Verser le mélange dans la croûte à tarte. Enfourner et cuire 45 minutes. Lorsque le gâteau est ferme au centre, le sortir et passer une lame de couteau le long de la paroi du moule. Le démouler une fois qu'il sera froid.
6. Servir avec notre recette de Caramel au cidre de glace « pour cidre de glace » (voir page 149).

PISTES HARMONIQUES DES LIQUIDES

Bien sûr, les cidres de glace du Québec avant tout, mais aussi les vins blancs liquoreux des Coteaux-du-Layon et de Jurançon sont à privilégier. Et pourquoi pas un schnaps à la cannelle, servi sur glace, comme le délicieusement aromatique Goldschläger ?

GÂTEAU AU FROMAGE, À LA CANNELLE ET AUX ZESTES D'ORANGE

ASTUCE AROMATIQUE

Cannelle, orange et érable, voilà une bien belle piste aromatique d'ingrédients de même famille, donc faits pour s'entendre. N'hésitez pas à servir ce gâteau soit avec une réduction de jus d'orange et de Grand Marnier, soit avec notre recette de caramel de cidre de glace « pour cidre de glace » (voir page 149).

INGRÉDIENTS

CROÛTE

500 ml (2 tasses) de chapelure de biscuits Graham
5 ml (1 c. à thé) de cannelle en poudre
60 ml (¼ tasse) de beurre fondu

GÂTEAU AU FROMAGE

750 g (3 paquets) de fromage à la crème ramolli
135 g (¾ tasse) de cassonade
Zeste d'une orange
190 ml (¾ tasse) de yogourt grec
45 ml (3 c. à soupe) de sirop d'érable
5 ml (1 c. à thé) de cannelle moulue
3 œufs entiers

PRÉPARATION

1. Préchauffer le four à 160 °C (325 °F).
2. **Croûte.** Dans un bol, mélanger la chapelure, la cannelle et le beurre. Presser dans le fond d'un moule à charnière.
3. **Gâteau au fromage.** Dans un saladier, fouetter le fromage à la crème, la cassonade et le zeste d'orange, jusqu'à ce que le mélange soit bien lisse. Ajouter le yogourt, le sirop d'érable et la cannelle.
4. Ajouter les œufs, un à la fois, en fouettant doucement.
5. Verser le mélange dans la croûte à tarte. Enfourner et cuire 45 minutes. Lorsque le gâteau est ferme au centre, le sortir et passer une lame de couteau le long de la paroi du moule. Le démouler une fois qu'il sera froid.

PISTES HARMONIQUES DES LIQUIDES

Les cidres de glace du Québec avant tout, mais aussi les vins blancs liquoreux des Coteaux-du-Layon et de Jurançon sont à privilégier.

GÂTEAU AU FROMAGE ET AU GINGEMBRE

ASTUCE AROMATIQUE

Une petite dernière, et non la moindre, parfumée par le gingembre et le citron du yogourt, dans ces variations sur le thème du gâteau au fromage. Un coulis de litchi viendrait complexifier le tout avec maestria, tout comme un sirop de cassonade et de vieux rhum brun de Guyana.

INGRÉDIENTS

CROÛTE

500 ml (2 tasses) de chapelure de biscuits Graham
5 ml (1 c. à thé) de gingembre moulu
60 ml (¼ tasse) de beurre fondu

GÂTEAU AU FROMAGE

750 g (3 paquets) de fromage à la crème ramolli
190 ml (¾ tasse) de cassonade
135 g (¾ tasse) de yogourt au citron
5 ml (1 c. à soupe) de gingembre frais râpé
3 œufs entiers

PRÉPARATION

1. Préchauffer le four à 160 °C (325 °F).
2. **Croûte.** Dans un bol, mélanger la chapelure, le gingembre et le beurre. Presser dans le fond d'un moule à charnière.
3. **Gâteau au fromage.** Dans un saladier, fouetter le fromage à la crème et la cassonade, jusqu'à ce que le mélange soit bien lisse. Ajouter le yogourt et le gingembre.
4. Ajouter les œufs, un à la fois, en fouettant doucement.
5. Verser le mélange dans la croûte à tarte. Enfourner et cuire 45 minutes. Lorsque le gâteau est ferme au centre, le sortir et passer une lame de couteau le long de la paroi du moule. Le démouler une fois qu'il sera froid.

PISTES HARMONIQUES DES LIQUIDES

Un vin à base de gewurztraminer fait éclater littéralement la synergie avec le gingembre. Ce à quoi répond aussi avec autant d'aplomb, sinon plus, un très vieux rhum brun, nature ou allongé de ginger beer ou de ginger ale.

GÂTEAU AU YOGOURT CITRON ET GINGEMBRE

ASTUCE AROMATIQUE

À partir d'un yogourt au citron, nous avons élaboré cette plus que parfumée et vivifiante recette qui lie le citron au gingembre, car ce dernier partage le même profil aromatique que le célèbre agrume. Partant de là, en suivant cette route aromatique, nous avons rencontré des ingrédients partageant les mêmes composés aromatiques dominants : bergamote (thé Earl Grey), romarin, gingembre et graines de coriandre. Comme vous vous en doutez, nous les avons fait se rencontrer dans les recettes qui suivent. Mais vous pourriez aussi improviser à votre tour avec les autres aliments complémentaires au citron que sont la camomille, le houblon, le pamplemousse, la mélisse, l'eau de rose, la citronnelle ou la verveine.

INGRÉDIENTS

250 ml (1 tasse) de yogourt au citron
200 g (1 tasse) de sucre
180 g (1 ½ tasse) de farine
1 pincée de sel
10 ml (2 c. à thé) de poudre à lever
3 œufs entiers
60 ml (¼ tasse) d'huile d'olive
60 ml (¼ tasse) de gingembre cristallisé haché

PRÉPARATION

1. Préchauffer le four à 160 °C (325 °F).
2. Dans un grand saladier, verser le yogourt et le sucre, et mélanger au fouet pour dissoudre celui-ci.
3. Tamiser ensemble la farine, le sel et la poudre à lever. Ajouter par étape au yogourt sans cesser de fouetter.
4. Ajouter les œufs un à la fois, l'huile et le gingembre.
5. Lorsque la pâte est lisse et homogène, verser dans un moule à gâteau beurré ou antiadhésif.
6. Placer dans le four environ 45 minutes ou jusqu'à ce que la pointe d'un couteau insérée au centre du gâteau en ressorte propre.
7. Sortir du four et laisser refroidir sur une grille avant de déguster.

PISTES HARMONIQUES DES LIQUIDES

Le citron partage plusieurs composés aromatiques, de la famille des terpènes, avec les vins de riesling, de gewurztraminer et de muscat. Et comme le gingembre est aussi de la partie, autant privilégier gewurztraminer et muscat ! À vous de choisir vos cuvées favorites ou les miennes recommandées dans *La Sélection Chartier*.

GÂTEAU AU YOGOURT CITRON, GINGEMBRE ET THÉ EARL GREY

ASTUCE AROMATIQUE

En ajoutant le thé Earl Grey – qui, soit dit en passant, est à base de bergamote, un agrume proche parent du citron – au duo citron/gingembre, la synergie aromatique qui était déjà présente dans la précédente recette est décuplée. Deux plus un égale ici quatre !

INGRÉDIENTS

250 ml (1 tasse) de yogourt au citron
200 g (1 tasse) de sucre
180 g (1 ½ tasse) de farine
1 pincée de sel
5 ml (1 c. à thé) de thé Earl Grey réduit en poudre fine
10 ml (2 c. à thé) de poudre à lever
3 œufs entiers
60 ml (¼ tasse) d'huile d'olive
60 ml (¼ tasse) de gingembre cristallisé haché

PRÉPARATION

1. Préchauffer le four à 160 °C (325 °F).
2. Dans un grand saladier, verser le yogourt et le sucre, et mélanger au fouet pour dissoudre celui-ci.
3. Tamiser ensemble la farine, le sel, le thé Earl Grey et la poudre à lever. Ajouter par étape au yogourt sans cesser de fouetter.
4. Ajouter les œufs un à la fois, l'huile et le gingembre.
5. Lorsque la pâte est lisse et homogène, verser dans un moule à gâteau beurré ou antiadhésif.
6. Placer dans le four environ 45 minutes ou jusqu'à ce que la pointe d'un couteau insérée au centre du gâteau en ressorte propre.
7. Sortir du four et laisser refroidir sur une grille avant de déguster.

PISTES HARMONIQUES DES LIQUIDES

Mêmes pistes liquides que dans la précédente recette, mais avec des cuvées très jeunes, en mode fraîcheur.

GÂTEAU AU YOGOURT CITRON, GINGEMBRE ET EAU DE ROSE

ASTUCE AROMATIQUE

Le parfum de la rose est intimement lié à celui du citron et du gingembre des deux précédentes recettes. Il apporte cette fois une note encore plus florale que celle perçue par l'emploi du thé Earl Grey de la précédente recette.

INGRÉDIENTS

250 ml (1 tasse) de yogourt au citron
25 ml (1 ½ c. à soupe) d'eau de rose
200 g (1 tasse) de sucre
180 g (1 ½ tasse) de farine
1 pincée de sel
10 ml (2 c. à thé) de poudre à lever
3 œufs entiers
60 ml (¼ tasse) d'huile d'olive
60 ml (¼ tasse) de gingembre cristallisé haché

PRÉPARATION

1. Préchauffer le four à 160 °C (325 °F).
2. Dans un grand saladier, verser le yogourt, l'eau de rose et le sucre, et mélanger au fouet pour dissoudre celui-ci.
3. Tamiser ensemble la farine, le sel et la poudre à lever. Ajouter par étape au yogourt sans cesser de fouetter.
4. Ajouter les œufs un à la fois, l'huile et le gingembre.
5. Lorsque la pâte est lisse et homogène, verser dans un moule à gâteau beurré ou antiadhésif.
6. Placer dans le four environ 45 minutes ou jusqu'à ce que la pointe d'un couteau insérée au centre du gâteau en ressorte propre.
7. Sortir du four et laisser refroidir sur une grille avant de déguster.

PISTES HARMONIQUES DES LIQUIDES

Qui dit rose dit gewurztraminer. Et ça tombe bien, car qui dit gewurztraminer dit aussi citron, gingembre, etc. Vous avez compris l'idée. Mais un muscat serait bienvenu, étant lui aussi une variété de raisin de la famille des cépages dit « aromatiques », à la manière du gewurztraminer. Comme dirait l'autre : « Tout est dans tout ! »

GÂTEAU AU YOGOURT CITRON, GINGEMBRE ET GRAINES DE CORIANDRE

ASTUCE AROMATIQUE

La graine de coriandre aussi est sur la piste intime des parfums du citron.

INGRÉDIENTS

250 ml (1 tasse) de yogourt au citron
200 g (1 tasse) de sucre
180 g (1 ½ tasse) de farine
1 pincée de sel
10 ml (2 c. à thé) de poudre à lever
3 œufs entiers
60 ml (¼ tasse) d'huile d'olive
60 ml (¼ tasse) de gingembre cristallisé haché
5 ml (1 c. à thé) de graines de coriandre concassées

PRÉPARATION

1. Préchauffer le four à 160 °C (325 °F)
2. Dans un grand saladier, verser le yogourt et le sucre, et mélanger au fouet pour dissoudre celui-ci.
3. Tamiser ensemble la farine, le sel et la poudre à lever. Ajouter par étape au yogourt sans cesser de fouetter.
4. Ajouter les œufs un à la fois, l'huile, le gingembre et les graines de coriandre.
5. Lorsque la pâte est lisse et homogène, verser dans un moule à gâteau beurré ou antiadhésif.
6. Placer dans le four environ 45 minutes ou jusqu'à ce que la pointe d'un couteau insérée au centre du gâteau en ressorte propre.
7. Sortir du four et laisser refroidir sur une grille avant de déguster.

PISTES HARMONIQUES DES LIQUIDES

Graine de coriandre = aussi Campari ! Alors, pourquoi ne pas se faire un cocktail style Mimosa, mélangeant jus d'orange, vin mousseux et Campari ? Les vins proposés dans les précédentes recettes sont aussi à envisager.

GÂTEAU AU YOGOURT CITRON, GINGEMBRE ET ROMARIN

ASTUCE AROMATIQUE

Le romarin est encore plus intimement lié au profil aromatique de cet agrume, tout comme le gingembre. Une fois réunis, ces trois ingrédients exultent littéralement !

INGRÉDIENTS

250 ml (1 tasse) de yogourt au citron
200 g (1 tasse) de sucre
180 g (1 ½ tasse) de farine
1 pincée de sel
10 ml (2 c. à thé) de poudre à lever
3 œufs entiers
60 ml (¼ tasse) d'huile aromatique au romarin (voir page 193)
60 ml (¼ tasse) de gingembre cristallisé haché

PRÉPARATION

1. Préchauffer le four à 160 °C (325 °F).
2. Dans un grand saladier, verser le yogourt et le sucre, mélanger au fouet pour dissoudre celui-ci.
3. Tamiser ensemble la farine, le sel et la poudre à lever. Ajouter par étape au yogourt sans cesser de fouetter.
4. Ajouter ensuite les œufs un à la fois, l'huile et le gingembre.
5. Lorsque la pâte est lisse et homogène, verser dans un moule à gâteau beurré ou antiadhésif.
6. Placer dans le four environ 45 minutes ou jusqu'à ce que la pointe d'un couteau insérée au centre du gâteau en ressorte propre.
7. Sortir du four et laisser refroidir sur une grille avant de déguster.

PISTES HARMONIQUES DES LIQUIDES

Ce trio donne écho comme nul autre aux cépages terpéniques (marqués par des arômes de la famille des terpènes) que sont le gewurztraminer, le muscat et le riesling. Et en passant, qu'ils soient secs, demi-secs, doux, moelleux ou liquoreux, vous atteindrez à tout coup la zone de confort harmonique, et même quelques fois le nirvana !

POUDING AUX BLEUETS ET GINGEMBRE

ASTUCE AROMATIQUE

Lorsque sonnera l'heure de la récolte des très aromatiques bleuets du Lac-Saint-Jean, royaume de ces petites baies bleutées s'il en est un, amusez-vous, comme nous vous le proposons, à créer des recettes avec des ingrédients qui lui sont complémentaires. Pensons entre autres au gingembre de cette recette, ainsi qu'à l'eau de rose et au thé vert matcha des deux propositions culinaires qui suivent.

INGRÉDIENTS

1 litre (4 tasses) de bleuets
15 ml (1 c. à soupe) de sucre

PÂTE
80 ml (1/3 tasse) de sucre
60 ml (1/4 tasse) de beurre salé
1 œuf entier
30 ml (2 c. à soupe) de gingembre frais râpé
115 g (1 tasse) de farine
5 ml (1 c. à thé) de poudre à lever
125 ml (1/2 tasse) de lait 3,25 %

PRÉPARATION

1. Dans un plat en pyrex rond beurré, déposer les bleuets et saupoudrer de sucre.
2. **Pâte.** À l'aide d'un batteur électrique, blanchir le sucre et le beurre. Ajouter l'œuf en continuant de fouetter, puis le gingembre râpé.
3. Tamiser ensemble la farine et la poudre à lever. Incorporer graduellement dans le mélange de beurre en alternant avec le lait, pour éviter de former des grumeaux.
4. Préchauffer le four à 180 °C (350 °F).
5. Déposer la pâte lisse sur les bleuets et enfourner environ 40 minutes.
6. Le gâteau est cuit lorsqu'un couteau inséré au centre en ressort propre et sec.
7. Sortir du four et laisser refroidir avant de déguster.

PISTES HARMONIQUES DES LIQUIDES

La piste idéale ici est celle des vins de black muscat, mais ils sont plutôt rarissimes sur le marché… Vous avez compris par contre que le bleuet, tout comme ses aliments complémentaires, résonne sur la même tonalité que les vins de muscat, ce qui inclut les autres cépages aromatiques tels que le gewurztraminer et la malvasia.

POUDING AUX BLEUETS ET THÉ VERT MATCHA

ASTUCE AROMATIQUE

Comme je l'explique dans la précédente recette, le thé vert matcha et l'eau de rose sont des ingrédients complémentaires au bleuet, créant ainsi une forte synergie aromatique lorsque cuisinés ensemble.

INGRÉDIENTS

1 litre (4 tasses) de bleuets
15 ml (1 c. à soupe) de sucre

PÂTE
80 ml (1/3 tasse) de sucre
60 ml (1/4 tasse) de beurre salé
10 ml (2 c. à thé) de thé matcha
1 œuf entier
115 g (1 tasse) de farine
5 ml (1 c. à thé) de poudre à lever
125 ml (1/2 tasse) de lait 3,25 %

PRÉPARATION

1. Dans un plat en pyrex rond beurré, déposer les bleuets et saupoudrer de sucre.
2. **Pâte.** À l'aide d'un batteur électrique, blanchir le sucre et le beurre. Ajouter l'œuf en continuant de fouetter.
3. Tamiser ensemble la farine, le thé matcha et la poudre à lever. Incorporer graduellement dans le mélange de beurre en alternant avec le lait, pour éviter de former des grumeaux.
4. Préchauffer le four à 180 °C (350 °F).
5. Déposer la pâte lisse sur les bleuets et enfourner environ 40 minutes.
6. Le gâteau est cuit lorsqu'un couteau inséré au centre en ressort propre et sec.
7. Sortir du four et laisser refroidir avant de déguster.

PISTES HARMONIQUES DES LIQUIDES

Suivez les pistes harmoniques des cépages aromatiques de la famille des muscats tracées à la précédente recette.

POUDING AUX BLEUETS ET EAU DE ROSE

ASTUCE AROMATIQUE

L'eau de rose, tout comme le gingembre et le thé vert matcha des deux précédentes recettes sont des ingrédients complémentaires au bleuet.

INGRÉDIENTS

1 litre (4 tasses) de bleuets
15 ml (1 c. à soupe) d'eau de rose
15 ml (1 c. à soupe) de sucre

PÂTE
80 ml (1/3 tasse) de sucre
60 ml (1/4 tasse) de beurre salé
1 œuf entier
115 g (1 tasse) de farine
5 ml (1 c. à thé) de poudre à lever
125 ml (1/2 tasse) de lait 3,25 %

PRÉPARATION

1. Dans un plat en pyrex rond beurré, déposer les bleuets, l'eau de rose et saupoudrer de sucre.
2. **Pâte.** À l'aide d'un batteur électrique, blanchir le sucre et le beurre. Ajouter l'œuf en continuant de fouetter.
3. Tamiser ensemble la farine et la poudre à lever. Incorporer graduellement dans le mélange de beurre en alternant avec le lait, pour éviter de former des grumeaux.
4. Préchauffer le four à 180 °C (350 °F).
5. Déposer la pâte lisse sur les bleuets et enfourner environ 40 minutes.
6. Le gâteau est cuit lorsqu'un couteau inséré au centre en ressort propre et sec.
7. Sortir du four et laisser refroidir avant de déguster.

PISTES HARMONIQUES DES LIQUIDES

Suivez les pistes harmoniques tracées dans les deux précédentes recettes, en privilégiant les vins de gewurztraminer, qu'ils soient secs ou liquoreux… Rappelez-vous que l'impact aromatique est plus important dans la recherche de l'harmonie que l'impact structurel du sucre ou de l'acidité – car les arômes sont aussi et avant tout des structures physiques, composées d'acides, d'alcools, etc.

POUDING AUX FRAISES (OU À L'ANANAS) ET POIVRE DU SICHUAN

ASTUCE AROMATIQUE

Quoi de mieux et de plus aromatique que nos fraises d'été du Québec pour s'amuser en cuisine ? Le poivre du Sichuan, le clou de girofle, la cannelle, le gingembre et le vinaigre balsamique, proposés dans les cinq variations sur le thème de la fraise (ou de l'ananas), sont des alliés de la fraise. L'ananas étant le jumeau moléculaire de la fraise, s'il n'y a pas de fraises sur le marché, optez pour de l'ananas !

INGRÉDIENTS

1 litre (4 tasses) de fraises lavées, équeutées et taillées en 2 ou plus selon la taille
60 ml (¼ tasse) de sucre
5 ml (1 c. à thé) de poivre du Sichuan, moulu finement

PÂTE
80 ml (⅓ tasse) de sucre
60 ml (¼ tasse) de beurre salé
1 œuf entier
115 g (1 tasse) de farine
5 ml (1 c. à thé) de poudre à lever
125 ml (½ tasse) de lait 3,25 %

PRÉPARATION

1. Mélanger les fraises, le sucre et le poivre du Sichuan. Laisser macérer quelques minutes pour qu'elles commencent à rendre du jus. Déposer dans un plat en pyrex rond beurré.
2. **Pâte.** À l'aide d'un batteur électrique, blanchir le sucre et le beurre. Ajouter l'œuf en continuant de fouetter.
3. Tamiser ensemble la farine et la poudre à lever. Incorporer graduellement dans le mélange de beurre en alternant avec le lait, pour éviter de former des grumeaux.
4. Préchauffer le four à 180 °C (350 °F).
5. Déposer la pâte lisse sur les fraises et enfourner environ 40 minutes.
6. Le pouding est cuit lorsqu'un couteau inséré au centre en ressort propre et sec.
7. Sortir du four et laisser refroidir avant de déguster.

PISTES HARMONIQUES DES LIQUIDES

Avec ce dessert parfumé au poivre du Sichuan, osez servir un généreux vin rouge du Nouveau Monde à base de pinot noir, vos invités seront agréablement surpris ! De façon plus conventionnelle, servez un blanc liquoreux d'appellation Jurançon ou Pacherenc-du-Vic-Bilh.

POUDING AUX FRAISES (OU À L'ANANAS) ET CANNELLE

ASTUCE AROMATIQUE

Difficile de passer à côté du duo fraise (ou ananas) et cannelle ! Tout comme la fraise est la jumelle moléculaire de l'ananas, la cannelle est probablement sa cousine !

INGRÉDIENTS

1 litre (4 tasses) de fraises lavées, équeutées et taillées en 2 ou plus selon la taille

60 ml (1/4 tasse) de sucre

PÂTE

80 ml (1/3 tasse) de sucre

60 ml (1/4 tasse) de beurre salé

1 œuf entier

115 g (1 tasse) de farine

5 ml (1 c. à thé) de cannelle moulue

5 ml (1 c. à thé) de poudre à lever

125 ml (1/2 tasse) de lait 3,25 %

PRÉPARATION

1. Mélanger les fraises et le sucre. Laisser macérer quelques minutes pour qu'elles commencent à rendre du jus. Déposer dans un plat en pyrex rond beurré.
2. **Pâte.** À l'aide d'un batteur électrique, blanchir le sucre et le beurre. Ajouter l'œuf en continuant de fouetter.
3. Tamiser ensemble la farine, la cannelle et la poudre à lever. Incorporer graduellement dans le mélange de beurre en alternant avec le lait pour éviter de former des grumeaux.
4. Préchauffer le four à 180 °C (350 °F).
5. Déposer la pâte lisse sur les fraises et enfourner environ 40 minutes.
6. Le gâteau est cuit lorsqu'un couteau inséré au centre en ressort propre et sec.
7. Sortir du four et laisser refroidir avant de déguster.

PISTES HARMONIQUES DES LIQUIDES

La cannelle dicte une piste originale avec les vins de Xérès, plus particulièrement ceux de type amontillado. Mais, de façon encore plus surprenante, vous pouvez aussi servir un vin rouge à base de grenache, plus particulièrement ceux d'Espagne des appellations Montsant, Priorat et Rioja (Baja).

POUDING AUX FRAISES (OU À L'ANANAS) ET CLOU DE GIROFLE

ASTUCE AROMATIQUE

Girofle et fraise sont liés aromatiquement parlant, tout comme le sont l'ananas et le girofle (pensez au jambon à l'ananas et aux clous de girofle).

INGRÉDIENTS

1 litre (4 tasses) de fraises lavées, équeutées et taillées en 2 ou plus selon la taille
60 ml (1/4 tasse) de sucre
1 ml (1/4 c. à thé) de clou de girofle moulu

PÂTE
80 ml (1/3 tasse) de sucre
60 ml (1/4 tasse) de beurre salé
1 œuf entier
115 g (1 tasse) de farine
5 ml (1 c. à thé) de poudre à lever
125 ml (1/2 tasse) de lait 3,25 %

PRÉPARATION

1. Mélanger les fraises, le sucre et le clou de girofle, et laisser macérer quelques minutes pour qu'elles commencent à rendre du jus. Déposer dans un plat en pyrex rond beurré.
2. **Pâte.** À l'aide d'un batteur électrique, blanchir le sucre et le beurre. Ajouter l'œuf en continuant de fouetter.
3. Tamiser ensemble la farine et la poudre à lever. Incorporer graduellement dans le mélange de beurre en alternant avec le lait, pour éviter de former des grumeaux.
4. Préchauffer le four à 180 °C (350 °F).
5. Déposer la pâte lisse sur les fraises et enfourner environ 40 minutes.
6. Le gâteau est cuit lorsqu'un couteau inséré au centre en ressort propre et sec.
7. Sortir du four et laisser refroidir avant de déguster.

PISTES HARMONIQUES DES LIQUIDES

Qui dit clou de girofle dit vins ayant séjourné dans le chêne, plus particulièrement le chêne d'origine américaine, comme c'est souvent le cas, pour certains crus rouges de cépage mencia, de l'appellation Bierzo, ainsi que de garnacha, de la Rioja (Baja). Il y a aussi une bière, plus particulièrement la bière Aventinus Wheat Doppelbock Bière Forte Rousse, Schneider Weisse, Allemagne (disponible à la SAQ-366088), qui, à cause de son mode de fermentation, est marquée par de puissants parfums de girofle.

POUDING AUX FRAISES (OU À L'ANANAS) ET GINGEMBRE

ASTUCE AROMATIQUE

Tout comme le girofle de la précédente recette, le gingembre entre en communion avec la fraise (ou l'ananas) comme nul autre.

INGRÉDIENTS

1 litre (4 tasses) de fraises lavées, équeutées et taillées en 2 ou plus selon la taille
60 ml (¼ tasse) de sucre

PÂTE
80 ml (⅓ tasse) de sucre
60 ml (¼ tasse) de beurre salé
1 œuf
30 ml (2 c. à soupe) de gingembre frais râpé
115 g (1 tasse) de farine
5 ml (1 c. à thé) de poudre à lever
125 ml (½ tasse) de lait 3,25 %
5 ml (1 c. à thé) de poivre du Sichuan réduit en poudre

PRÉPARATION

1. Mélanger les fraises et le sucre, et laisser macérer quelques minutes pour qu'elles commencent à rendre du jus. Déposer dans un plat en pyrex rond beurré.
2. **Pâte.** À l'aide d'un batteur électrique, blanchir le sucre et le beurre. Ajouter l'œuf et le gingembre en continuant de fouetter.
3. Tamiser ensemble la farine et la poudre à lever. Incorporer graduellement dans le mélange de beurre en alternant avec le lait, pour éviter de former des grumeaux.
4. Préchauffer le four à 180 °C (350 °F).
5. Déposer la pâte lisse sur les fraises et enfourner environ 40 minutes.
6. Le gâteau est cuit lorsqu'un couteau inséré au centre en ressort propre et sec.
7. Sortir du four et laisser refroidir avant de déguster.

PISTES HARMONIQUES DES LIQUIDES

Qui dit gingembre, dit gewurztraminer. Ce qui inclut les vins de cépages aromatiques comme le sont ceux de muscat et de malvasia. Mais gingembre résonne fortement aussi avec le rhum brun, comme ceux de Guyana, si aromatiques et prenants. Donc, osez un long drink à base de rhum brun Dark Superior El Dorado, allongé de ginger beer Fever-Tree. Et servez aux enfants le champagne des ginger ale !

POUDING AUX FRAISES (OU À L'ANANAS) ET VINAIGRE BALSAMIQUE

ASTUCE AROMATIQUE

Bien sûr que le balsamique est à compter parmi les ingrédients complémentaires à la fraise ! Ça, les Italiens l'avaient compris depuis longtemps.

INGRÉDIENTS

1 litre (4 tasses) de fraises lavées, équeutées et taillées en 2 ou plus selon la taille
60 ml (1/4 tasse) de sucre
25 ml (1 1/2 c. à soupe) de vinaigre balsamique

PÂTE
80 ml (1/3 tasse) de sucre
60 ml (1/4 tasse) de beurre salé
1 œuf entier
115 g (1 tasse) de farine
5 ml (1 c. à thé) de poudre à lever
125 ml (1/2 tasse) de lait 3,25 %

PRÉPARATION

1. Mélanger les fraises, le sucre et le vinaigre balsamique, et laisser macérer quelques minutes pour qu'elles commencent à rendre du jus. Déposer dans un plat en pyrex rond beurré.
2. **Pâte.** À l'aide d'un batteur électrique, blanchir le sucre et le beurre. Ajouter l'œuf en continuant de fouetter.
3. Tamiser ensemble la farine et la poudre à lever. Incorporer graduellement dans le mélange de beurre en alternant avec le lait, pour éviter de former des grumeaux.
4. Préchauffer le four à 180 °C (350 °F).
5. Déposer la pâte lisse sur les fraises et enfourner environ 40 minutes.
6. Le gâteau est cuit lorsqu'un couteau inséré au centre en ressort propre et sec.
7. Sortir du four et laisser refroidir avant de déguster.

PISTES HARMONIQUES DES LIQUIDES

Ici, désarçonnez vos invités en leur servant un vin rouge italien, plus particulièrement un amarone. Ce à quoi répondra avec autant d'aplomb un zinfandel californien. Enfin, si vous avez la main plus forte sur le balsamique, sachez que le pedro ximénez, de Xérès ou de Montila-Morilles, fait merveille avec ce type de vinaigre cuit et élevé en fûts de différentes essences et origines de bois.

SAFRAN/CORIANDRE FRAÎCHE/CHAMPIGNON SÉCHÉ/CUMIN/GINGEMBRE FRAIS/ROSE/CITRON VERT/PIMENTÓN FUMÉ/PAPRIKA FUMÉ

BEURRES PARFUMÉS EN 9 VERSIONS

ASTUCE AROMATIQUE

Comme nous l'avons fait avec les glaçons dans *Papilles pour tous! Printemps*, le 3e tome de cette collection en 4 tomes, nous avons aussi pensé aromatiser le beurre, afin vous puissiez l'utiliser pour signer la piste aromatique de vos plats cuisinés ou renforcez la synergie aromatique d'une recette. Et n'oubliez pas, l'ingrédient de chaque beurre donne aussi la piste à suivre pour l'harmonie avec les vins et autres liquides!

INGRÉDIENTS

225 g (½ lb) de beurre salé mou (mais pas fondu)

BEURRE AU SAFRAN

5 ml (1 c. à thé) de safran réduit en poudre
Zeste d'un demi-pamplemousse rose
1 pincée de cannelle
60 ml (¼ tasse) de persil italien haché

BEURRE À LA CORIANDRE FRAÎCHE

60 ml (¼ tasse) de coriandre fraîche hachée
Zeste d'un demi-citron vert
1 pincée de wasabi

BEURRE AU CUMIN

5 ml (1 c. à thé) de cumin concassé
60 (¼ tasse) d'estragon frais haché
1 pincée d'anis étoilé moulu

BEURRE AUX CHAMPIGNONS SÉCHÉS

25 ml (1 ½ c. à soupe) de champignons séchés réduits en poudre
15 ml (1 c. à soupe) de livèche hachée (ou feuilles de céleri)
2 échalotes françaises, hachées et colorées à la poêle

BEURRE AUX CHAMPIGNONS SÉCHÉS ET NOIX DE COCO

25 ml (1 ½ c. à soupe) de champignons séchés réduits en poudre
15 ml (1 c. à soupe) de livèche hachée (ou feuilles de céleri)
2 échalotes françaises, hachées et colorées à la poêle
15 ml (1 c. à soupe) de noix de coco grillée réduite en poudre

BEURRE AU GINGEMBRE

60 ml (¼ tasse) de gingembre frais râpé
1 pincée de curcuma moulu
15 ml (1 c. à soupe) de romarin frais haché

BEURRE AU GINGEMBRE, ROSE ET CITRON VERT

60 ml (¼ tasse) de gingembre frais râpé
1 pincée de curcuma moulu
15 ml (1 c. à soupe) de romarin frais haché
8 ml (1 ½ c. à thé) de zeste de citron vert
5 ml (1 c. à thé) de pétales de roses séchées réduites en poudre

BEURRE AU PIMENTÓN

10 ml (2 c. à thé) de pimentón fumé
Quelques gouttes de tabasco
Zeste d'un quart de pamplemousse rose

BEURRE AU PAPRIKA FUMÉ

10 ml (2 c. à thé) de paprika fumé
Quelques gouttes de tabasco
Zeste d'un quart de pamplemousse rose

PRÉPARATION

1. Sur le plan de travail, placer le mélange émulsionné au fouet et encore mou au centre d'une pellicule de papier film. Former un boudin en laissant de l'espace libre sur les deux côtés pour pouvoir le fermer.
2. Rabattre la partie de film devant vous pour fermer le boudin et le rouler en serrant.
3. Faire des nœuds aux deux extrémités et déposer le boudin au réfrigérateur pendant au moins 1 heure.
4. Retirer la pellicule plastique et tailler en tranches.

ASTUCE DE SERVICE

Il est préférable de déposer une tranche de beurre à la mi-cuisson sur votre poisson ou votre viande. Si vous désirez l'utiliser pour la cuisson, faites-le à basse température pour ne pas brûler l'épice ou l'herbe qui l'aromatise. Vous pourrez aussi émulsionner une sauce ou un jus avec ces beurres bien froids.

PISTES HARMONIQUES DES LIQUIDES

Coriandre fraîche/cumin/pimentón/paprika = vins blancs de type sauvignon blanc/verdejo. Safran = riesling/fino/bière IPA. Gingembre/rose = gewurztraminer/muscat. Champignons/noix de coco = chardonnay/roussanne élevés en barriques et pinot noir du Nouveau Monde.

ANIS/BASILIC/CAROTTE JAUNE/CÉLERI/CORIANDRE FRAÎCHE/ESTRAGON/PERSIL

HERBES SALÉES « DU BAS DE LA VILLE » EN MODE ANISÉ

ASTUCE AROMATIQUE

Que des aliments du même profit pour créer une belle synergie aromatiquement anisée, ce qui donne une expressive composition d'herbes salées qui fait sensation tant sur les viandes grillées que dans certaines salades, sans oublier les poissons et les purées, notamment les purées de légumes-racines (céleri-rave, panais, betterave jaune, carotte jaune, etc.).

INGRÉDIENTS

125 ml (½ tasse) de cerfeuil
125 ml (½ tasse) d'estragon
125 ml (½ tasse) d'aneth
125 ml (½ tasse) de basilic
125 ml (½ tasse) de persil italien
125 ml (½ tasse) de céleri rave râpé finement
250 ml (1 tasse) de gros sel de mer
1 ml (¼ c. à thé) de cumin concassé finement

PRÉPARATION

1. Laver les herbes et les assécher complètement dans un linge.
2. Les hacher finement et les déposer dans un cul-de-poule.
3. Ajouter le céleri-rave et le gros sel.
4. Mélanger le tout et déposer dans un contenant hermétique du genre pot Mason. Fermer et garder au frais.

PISTES HARMONIQUES DES LIQUIDES

Que des ingrédients au goût anisé, qui créent une forte synergie avec les vins de sauvignon blanc, tout comme de verdejo (appellation Rueda, Espagne), de fumé blanc, de grüner veltliner (Autriche) et de cortese (appellation Gavi, Italie).

HERBES SALÉES «DU BAS DE LA VILLE» AU GOÛT DE FROID

ASTUCE AROMATIQUE

Les aliments qui génèrent une sensation de fraîcheur en bouche, comme la menthe, mais en plus subtil, permettent aussi d'innombrables recettes, dont cette deuxième variation d'herbes salées à utiliser avec les mêmes types de plats recommandés dans la recette précédente.

INGRÉDIENTS

125 ml (½ tasse) de feuilles de céleri
125 ml (½ tasse) d'estragon
125 ml (½ tasse) de coriandre fraîche
125 ml (½ tasse) de basilic
125 ml (½ tasse) de carottes jaunes râpées finement (ou de panais)
125 ml (½ tasse) de persil italien
250 ml (1 tasse) de gros sel de mer
1 ml (¼ c. à thé) d'anis étoilé moulu

PRÉPARATION

1. Laver les herbes et les assécher complètement dans un linge.
2. Les hacher finement et les déposer dans un cul-de-poule.
3. Ajouter les carottes (ou panais) râpées, l'anis étoilé et le gros sel.
4. Mélanger le tout et déposer dans un contenant hermétique du genre pot Mason. Fermer et garder au frais.

PISTES HARMONIQUES DES LIQUIDES

Les ingrédients au goût de froid s'adonnent à être sur la même piste que les aliments au goût anisé. Donc, servez les mêmes types de vins que ceux suggérés à la précédente recette.

ROMARIN

HUILE AROMATIQUE AU ROMARIN

ASTUCE AROMATIQUE

En aromatisant une huile avec une seule herbe ou une seule épice, comme dans la recette de fromage de chèvre mariné à l'huile de cardamome (voir recette dans le tome 1 de cette collection, page 143), on donne à l'huile une piste aromatique qui pourra servir de guide dans le choix des ingrédients ou des recettes. De plus, l'herbe ou l'épice choisie permet de trouver plus aisément la zone de confort pour l'harmonie avec les liquides. Voici donc une autre recette d'huile aromatisée, cette fois sur la piste du...riesling! Les vins de ce cépage étant sur le même mode aromatique que le romarin, choisissez les vins, comme le riesling, et les aliments complémentaires au romarin (bœuf, sauge, laurier, cardamome, ananas, fraise, citron, bergamote, cèdre, genièvre, balsamique, etc.) pour cuisiner avec cette huile.

INGRÉDIENTS

125 ml (½ tasse) d'huile d'olive
125 ml (½ tasse) de feuilles de romarin frais

PRÉPARATION

1. Dans une petite casserole, faire tiédir l'huile d'olive.
2. Incorporer le romarin haché, puis retirer du feu. Laisser refroidir. Déposer le mélange dans le bol d'un robot culinaire et mixer le tout. Filtrer au tamis fin et verser dans un pot de verre hermétique. Conserver au réfrigérateur.

ANIS ÉTOILÉ/CANNELLE/GIROFLE

MARINADE DE CHANTERELLES EN MODE BARRIQUE

ASTUCE AROMATIQUE

Comme le champignon est dans le même univers aromatique que les arômes transférés aux vins par le chêne des barriques, il suffisait de magnifier cette synergie avec des ingrédients sur cette même piste, comme l'anis étoilé, la cannelle et le clou de girofle. Ce qui permet de créer une marinade de champignons qui reste en selle avec les vins, sans les rendre fluides et acidulés comme c'est souvent le cas des marinades.

INGRÉDIENTS

500 ml (2 tasses) de vinaigre à conserve (ou de vieux vinaigre de xérès)
5 ml (1 c. à thé) de sel
15 ml (1 c. à soupe) de sucre
3 clous de girofle
1 bâton de cannelle

1 anis étoilé
900 g (2 lb) de chanterelles, bien nettoyées

PRÉPARATION

1. Dans une grande casserole, verser le vinaigre, le sel, le sucre et toutes les épices. Porter à ébullition et laisser frémir le temps de faire les autres opérations.
2. Dans une casserole d'eau bouillante salée, blanchir les chanterelles une minute (après la reprise de l'ébullition). Les égoutter et les déposer dans plusieurs petits contenants du genre pots Mason, stérilisés.
3. Verser le vinaigre chaud sur les chanterelles et fermer les pots.
4. Placer les pots fermés dans une grande casserole d'eau bouillante et laisser frémir 5 à 6 minutes. Sortir les pots, les placer à l'envers sur le plan de travail et laisser refroidir avant de les mettre au réfrigérateur.
5. Laisser mariner environ 5 jours avant de consommer, pour plus de goût.

PISTES HARMONIQUES DES LIQUIDES

Comme le champignon, plus particulièrement la chanterelle, aime côtoyer les vins de chardonnay, ne cherchez plus ! Mais sachez qu'il adore aussi s'acoquiner d'une bière brune extra-forte, qui, même si elle n'a pas passé par la barrique, exalte un profil « barrique »...

LAVANDE

MARINADES DE CHANTERELLES À LA LAVANDE

ASTUCE AROMATIQUE

Je venais de découvrir les composés volatils qui créent l'union champignon/lavande lorsque Stéphane et moi étions à élaborer les recettes du livre *Les recettes de Papilles et Molécules*. Ce qui donna notre délirante Vraie crème de champignons_Mc² à l'air de lavande (page 63). Comme plusieurs recettes sont possibles en mariant les champignons à la lavande, en voici une autre qui fait fureur, notamment dans les salades ou avec les charcuteries.

INGRÉDIENTS

500 ml (2 tasses) de vinaigre à conserve (ou vinaigre balsamique blanc)
5 ml (1 c. à thé) de sel
15 ml (1 c. à soupe) de sucre
5 ml (1 c. à thé) de lavande
900 g (2 lb) de chanterelles bien nettoyées

PRÉPARATION

1. Dans une grande casserole, verser le vinaigre, le sel et le sucre. Porter à ébullition et laisser frémir le temps de faire les autres opérations.

2. Dans une casserole d'eau bouillante salée, blanchir les chanterelles une minute (après la reprise de l'ébullition). Les égoutter et les déposer dans plusieurs contenants hermétiques du genre pots Mason, stérilisés.
3. Déposer la lavande dans le vinaigre et laisser infuser hors du feu quelques minutes. Verser le vinaigre chaud sur les chanterelles et fermer les pots.
4. Placer les pots ainsi fermés dans une grande casserole bouillante et laisser frémir 5 à 6 minutes. Sortir les pots, les placer à l'envers sur le plan de travail et laisser refroidir avant de les mettre au réfrigérateur.
5. Laisser mariner environ 5 jours avant de consommer, pour plus de goût

PISTES HARMONIQUES DES LIQUIDES

Qui dit lavande dit vin blanc de riesling. Ainsi que bière india pale ale.

JUS D'ANANAS/RHUM BRUN/GINGEMBRE FRAIS

MARINADE POUR BBQ # 1

ASTUCE AROMATIQUE

Question de créer de la synergie aromatique à plein, nous avons créé cette marinade numéro 1 dominée par le jus d'ananas, le rhum brun de Guyana et le gingembre. Infernal trio aromatique s'il en est un.

INGRÉDIENTS

125 ml (½ tasse) de sauce soya
30 ml (2 c. à soupe) de rhum brun Original Dark Superior El Dorado
60 ml (¼ tasse) de miel de sarrasin
60 ml (¼ tasse) de mélasse
45 ml (3 c. à soupe) de gingembre frais râpé
3 clous de girofle concassés
1 bâton de cannelle
250 ml (1 tasse) de jus d'ananas

PRÉPARATION

1. Dans une petite casserole, porter à ébullition la sauce soya, le rhum, le miel et la mélasse. Retirer du feu, ajouter les épices et laisser infuser quelques minutes.
2. Une fois le mélange froid, ajouter le jus d'ananas et remuer.
3. Déposer la viande dans cette marinade pendant 12 heures avant de la griller sur le BBQ.

PISTES HARMONIQUES DES LIQUIDES

Un cocktail à base de rhum brun Original Dark Superior El Dorado, de jus d'ananas et de gingembre, pardi ! Mais aussi vos chardonnays américains et australiens favoris, ayant séjourné dans le chêne, tout comme les zinfandels et petites syrahs du Nouveau Monde.

CORIANDRE FRAÎCHE

PESTO DE CORIANDRE

ASTUCE AROMATIQUE

Un pesto simplissime à réaliser et odorant comme pas un ! Parfait pour les bruschettas, les pâtes, les sandwichs de légumes grillés et fromage de chèvre... À vous de rêver. Vous avez compris qu'en demeurant sur la piste des ingrédients à profil anisé, comme c'est le cas de la coriandre fraîche, une multitude de versions sont ici possibles : menthe fraîche, basilic frais, cerfeuil, aneth, fenouil...

INGRÉDIENTS

4 tasses de feuilles de coriandre fraîche, lavées et essorées (ou de menthe fraîche, de basilic frais, de cerfeuil, d'aneth, de fenouil)

60 ml (1/4 tasse) d'huile d'olive

60 ml (1/4 tasse) d'huile végétale

Sel

Wasabi (au goût, pour ceux qui veulent plus de oumf)

PRÉPARATION

1. Déposer tous les ingrédients dans la cuve d'un robot culinaire et mélanger jusqu'à l'obtention d'une texture lisse, ou presque.

PISTES HARMONIQUES DES LIQUIDES

La coriandre fraîche est sur la piste des vins blancs à parfum anisé, comme les vins de sauvignon blanc, de verdejo et de grüner veltliner. Certaines bières de type india pale ale abondent aussi dans ce sens aromatique.

BOURBON/CASSONADE/ÉRABLE/WORCESTERSHIRE/GIROFLE/CANNELLE/ANIS ÉTOILÉ/TABASCO FUMÉ

SAUCE BBQ AU BOURBON

ASTUCE AROMATIQUE

En analysant les ingrédients de base de la sauce BBQ, je me suis aperçu qu'ils étaient sur la piste aromatique du bourbon. Il ne restait plus qu'à l'ajouter pour créer un effet de synergie d'une puissance qui fera le bonheur des amateurs de sensations fortes !

INGRÉDIENTS

250 ml (1 tasse) de cassonade (ou de sirop d'érable)

125 ml (1/2 tasse) de vinaigre de xérès élevé en barrique

125 ml (1/2 tasse) de ketchup

125 ml (1/2 tasse) de pâte de tomates

125 ml (1/2 tasse) de bourbon

15 ml (1 c. à soupe) de sauce Worcestershire
5 ml (1 c. à thé) de cannelle moulue
3 ml (½ c. à thé) de clou de girofle moulu
1 anis étoilé
10 ml (2 c. à thé) de sel
10 ml (2 c. à thé) de poivre concassé
Quelques gouttes de Tabasco fumé, au goût

PRÉPARATION

1. Dans une casserole, faire bouillir la cassonade diluée dans 1 c. à soupe d'eau (ou de sirop d'érable), jusqu'à l'obtention d'un caramel blond, en remuant le moins possible.
2. Déglacer avec le vinaigre et remuer pour dissoudre complètement le sucre.
3. Ajouter les autres ingrédients et faire mijoter une vingtaine de minutes à couvert, en remuant le plus souvent possible, pour éviter que ça accroche.
4. Retirer l'anis et passer rapidement le tout au mélangeur pour obtenir une préparation lisse.
5. Réserver.

VARIATION AU RHUM BRUN

En passant, vous pourriez créer votre version au rhum brun, en remplaçant le bourbon par le rhum brun Original Dark Superior El Dorado, et en vous assurant d'utiliser du sirop d'érable et du gingembre dans la recette.

PISTES HARMONIQUES DES LIQUIDES

Du bourbon ! Ouais, pas pour tous dites-vous ? Alors, servez soit un ginger ale… soit un bourbon allongé de ginger ale. Mais, trêve de plaisanteries, notez que les rouges de régions et de pays chauds, élevés en barriques, plus particulièrement de chêne américain, sont à privilégier. Ce qui est le cas généralement des rouges de la Rioja et de la Ribera del Duero, ainsi que de certains zinfandels californiens et petites sirahs mexicaines.

CÈDRE

SEL DE JEUNES POUSSES DE CÈDRE

ASTUCE AROMATIQUE

Oui, oui ! Vous avez bien lu, du cèdre. C'est que le cèdre, plus particulièrement les jeunes pousses printanières de cèdre, est très aromatique, et partage un profil proche parent du romarin et de ses ingrédients complémentaires, ainsi que des vins de rieslings et autres liquides de même famille aromatique. Donc, utilisez ce sel de cèdre pour créer une synergie aromatique lorsque vous cuisinez avec des aliments de cette famille, ou lorsque vous servez un riesling et désirez renforcer l'harmonie.

INGRÉDIENTS

1 branche de jeunes pousses de cèdre, sans le bois brun (idéalement les bouts d'un vert tendre, entre les mois d'avril et d'août).

Fleur de sel

PRÉPARATION

1. Préchauffer à 100 °C (200 °F).
2. Dans une grande casserole d'eau bouillante, mettre les pousses de cèdre pendant 2 minutes pour les blanchir.
3. Plonger les pousses dans un bol d'eau glacée, pour fixer la chlorophylle.
4. Égoutter le cèdre et l'assécher dans un papier absorbant. Déposer sur une plaque à pâtisserie et mettre dans le four pendant 15 minutes.
5. Laisser sécher toute la journée sur le comptoir.
6. Le lendemain, réduire le cèdre en poudre très fine dans un moulin à café.
7. Mélanger avec de la fleur de sel, à raison de 1 c. à thé de poudre de cèdre pour 1 c. à soupe de fleur de sel.

ASTUCE D'UTILISATION

Saupoudrez, ce sel de cèdre, vos légumes cuits dans le papier d'aluminium ou grillés sur le BBQ (en fin de cuisson dans ce cas), tout comme vos poissons, plus particulièrement les fruits de mer, crustacés et coquillages, comme les moules. Osez l'utiliser au dessert, avec notre recette de gâteau à l'orange et aux jeunes pousses de cèdre.

PISTES HARMONIQUES DES LIQUIDES

En lisant l'astuce aromatique de cette recette, vous avez compris que le riesling est ici roi. Mais sachez que la bière de type india pale ale est, quant à elle, reine !

Index des principaux aliments complémentaires

CARNET DE NOTES PERSONNELLES